国家自然科学基金资助项目

二元组织文化结构及其
对组织创新的作用机制研究

王莉红◎著

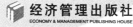

经济管理出版社

ECONOMY & MANAGEMENT PUBLISHING HOUSE

图书在版编目（CIP）数据

二元组织文化结构及其对组织创新的作用机制研究/王莉红著 . —北京：经济管理出版社，2022.6

ISBN 978-7-5096-8555-6

Ⅰ.①二⋯ Ⅱ.①王⋯ Ⅲ.①企业管理—组织管理—研究 Ⅳ.①F272.9

中国版本图书馆 CIP 数据核字（2022）第 111185 号

组稿编辑：王格格
责任编辑：王格格　丁光尧
责任印制：黄章平
责任校对：陈　颖

出版发行：经济管理出版社
　　　　　（北京市海淀区北蜂窝 8 号中雅大厦 A 座 11 层　100038）
网　　址：www. E-mp. com. cn
电　　话：（010）51915602
印　　刷：唐山昊达印刷有限公司
经　　销：新华书店
开　　本：720mm×1000mm/16
印　　张：13.5
字　　数：221 千字
版　　次：2022 年 7 月第 1 版　　2022 年 7 月第 1 次印刷
书　　号：ISBN 978-7-5096-8555-6
定　　价：88.00 元

序

　　本书主要是对本人主持的国家自然科学基金项目"中国情境下企业二元组织文化结构及其对组织创新的作用机制研究"的总结。

　　项目探讨了中国情境下二元组织文化的理论模型、结构修正、影响因素及对企业创新及创造力的作用机理。并围绕以下主题展开进一步的深入研究：组织层次，即二元组织文化、战略导向、组织结构、组织资本、组织能力、人力资源管理系统等与组织创新及创造力的关系；团队与个体跨层次，即学习文化、无形资本、目标导向等与创新关系。

　　研究过程中，培养了4位人力资源管理专业研究生，均已毕业就业。在此，感谢顾琴轩教授、俞明传副教授、宋志刚博士、许彦妮博士等的支持与合作，及研究生杨迎露、袁珊珊、周佳颖与于君瑶的文献研究工作。

　　本书包括以下篇章：第一篇，为什么研究中国情境下二元组织文化与组织创新；第二篇，二元组织文化的概念与测量；第三篇，二元组织文化、组织韧性与组织创新的关系研究；第四篇，组织战略、领导力、资本等与组织创新的关系研究；第五篇，团队与个体跨层次研究：学习文化、无形资本等与创新的关系。

目 录

第四篇　组织战略、领导力、资本等与
组织创新的关系研究

第五篇　团队与个体跨层次研究：学习文化、无形资本等与创新的关系

第一篇

为什么研究中国情境下
二元组织文化与组织创新

第一章　研究二元组织文化与组织创新关系的意义

随着科学技术的迅猛发展和经济的全球化，现代企业的生存和发展更依赖于组织创造力和创新。企业在创新过程中往往需要兼顾拓展现有能力和探索新机会，其创新通常呈现为兼顾一组相对应目标的二元发展模式。组织文化作为共享的意义系统（Hofstede，1991；Trice and Beyer，1984；Schein，1985），对组织中的行为产生重要的影响。组织文化既能激发组织创造力和创新（Amabile，1988），也会阻碍组织创造力和创新的发展（Amabile and Gryskiewicz，1987）。只有在适当的组织文化环境中，组织中的创新才会活跃发展。组织文化作为影响企业创新的重要组织机制，必然也相应呈现二元结构。组织文化是组织在学会应对目标性和灵活性、外部适应和内部集成这些相对应的问题中发展出来的基本信念模式，这两组相互交织的对应面体现了组织文化的二元本质（Wang and Rafiq，2014）。

企业管理实践中，首先，随着"80后""90后"新生代员工逐渐成为职场的主力军，工作场所员工代际差异和冲突已然现实存在（刘凤香，2010），给企业管理带来新的挑战，不同时代成长的员工，都有特定的时代烙印，形成了多样性劳动力队伍。近年来，有研究表明，在物质充裕、信息发达、价值观多元化的社会背景下，新生代员工具有其独特的工作价值观，喜欢工作自主性、高度成就导向（Westerman，2006），享受工作的意义和乐趣，追求工作和生活的平衡（Twenge et al.，2010），重视结果和反馈，尊重多文化和多样化（Cennamo，2008），注重平等和公平，漠视权威（Charu and Shri，2011）；国内学者李燕萍和侯烜方（2012）研究认为，新生代员工具有自我—平等—革新—发展的工作价值导向，具有典型网络化特征的新生代员工往往有新颖独特的想法与较强的创造力。其次，组织价值观是组织文化的核心，组织文化通过其强大的价值观影响成员的深层理念及其指导下的行为模式。组织文化的共享价值观、信念、历史和传统等对员工的创造倾向和创造力产生影响（Isaksen et al.，2001）。

由此可见，在中国情境下，一方面，企业代际差异形成劳动力多样性，需要具有欣赏员工个性化和多样化价值的多样性文化；另一方面，全球化竞争中企业重视自主创新能力提升，企业要具备内部高度协调整合与集中优势的一致性文化，共同愿景是核心。这两种文化现象在企业实践中同时存在，如何使两者在企业中和谐共存，促进组织创新？Wang 和 Rafiq（2014）关于二元组织文化（Ambidextrous Organizational Culture）的研究将组织多样性（Organizational Diversity）与共同愿景（Shared Vision）这一对既对立又兼顾的内容设计于一个概念框架下，给企业管理中这一现实问题提供了一个较好的借鉴和思路。两者作为一组对应的组织规范和价值观，其中，组织多样性鼓励和容忍差异，承认和奖励个人的不同观点、技能和知识。共同愿景促进组织成员在开发、交流、传播、实施组织目标等方面整体的积极参与。该研究还检验了二元文化对产品创新的影响。

相对于国外学者的已有研究成果，国内一些学者对组织文化和组织气氛与创新的关系也进行了研究（孙锐等，2009；彭红霞和达庆利，2008；孙爱英等，2006；谢洪明等，2007；解学梅和吴永慧，2013）。然而，国外学者对于二元组织文化的理论与实证研究也刚起步，二元组织文化的概念和结构还较笼统，国内二元组织文化理论研究几乎空白，有关二元组织文化对组织创新作用机理的实证研究则更未涉及。

当前，我国经济转型强调自主创新，企业员工代际差异和冲突问题、企业所处的内外环境将比以往更具动态性和复杂性，研究符合中国情境的二元组织文化概念、结构及其成因，探索二元组织文化对组织创新的作用机理，企业如何通过恰当地设计与营造组织文化，引导和塑造符合企业战略需要的员工行为，以增强组织吸收能力与弹性能力，从而实现组织创新和竞争力的提升，对于有效整合企业代际间多样性价值转化为组织创新，有力推动我国经济发展模式的成功转型，具有重要的现实意义和紧迫性，同时，也具有重要的理论意义。本书将围绕上述研究问题，基于组织学习理论构建二元组织文化结构模型，针对二元组织文化的结构及其对组织创新的作用机理展开研究。

第二篇

二元组织文化的
概念与测量

第二章 二元组织文化概念述评及结构修正的必要性

第一节 二元组织文化概念

二元组织文化源于组织二元性理论。组织二元性（Organizational Ambidexterity）是指将拓展现有能力与探索新机会同步进行，是一个组织在一个快速变化的动态环境中长久生存和发展的能力（Tushman and O'Reilly，1996）。二元组织的研究有两种方式：结构二元性和情境二元性（Andriopoulos and Lewis，2009；Birkinshaw and Gibson，2004）。结构二元性区分强调拓展性努力还是探索性努力（Gupta，2006）。情境二元性则强调整合拓展性和探索性的行为及社会方式或途径（Andriopoulos and Lewis，2009）。例如，Gibson 和 Birkinshaw（2004）提出，组织情境二元性由绩效管理和组织社会支持两个维度构成。

基于组织情境二元性研究，二元性在组织文化上体现为融合和兼容两种相对应目标、活动和能力的组织文化价值观和规范等，二元组织通常通过容纳多重相互矛盾的文化、结构和过程来同时追求增量性和突破性创新（Tushman and O'Reilly，1996）。

Wang 和 Rafiq 于 2012 年最早提出了二元组织文化概念与结构，其在借鉴鼓励创造性的多样化可融入强调方向和纪律的群体规范（Rink and Ellemers，

2007）观点的基础上，聚焦一对组织价值观和规范，即组织多样性和共同愿景，二者看似矛盾而在一定情境下又可调和，构成二元组织文化结构的两个维度。其中，组织多样性主要聚焦于组织多样性的无形方面，强调在组织学习方面的作用，不同于人口统计特征的异质性（员工的性别、年龄和种族），组织多样性是一个业务单位层面的概念，反映了文化规范，即尊重诸如信息、知识和观点等方面的任务相关差异。共同愿景基于组织学习理论，业务单元的共同愿景的开发是自下而上的过程，而不是在战略和领导文献中建立目标导向和共识采用的传统的自上而下的方法。共同愿景是学习型组织的转化机制，其中个体成员在创建企业文化中发挥积极作用。然而，这样的组织文化需要时间来开发营造，因此，也可以被看作一个有因果关系但不确定的组织资源（Gibson and Birkinshaw，2004）。

第二节　二元组织文化的影响因素

领导风格对组织文化的形成起重要影响，并为组织成员所感知。领导风格是确保组织文化对创造力的作用有利于产生创造性结果的关键（Mumford，2000；Shalley and Gilson，2004）。李燕萍等（2012）从新生代员工成为企业主力军及企业面临日益复杂的管理环境出发，认为包容性领导能够有效化解由于新生代员工个性化的特质所带来的管理新挑战，兼顾新生代员工和领导者对管理规范性和灵活性的不同需求，包容性领导能帮助企业应对各种管理复杂性因素。研究表明，处于高度动态性和竞争性环境中的企业更可能同时追求探索性创新和拓展性创新，进而形成组织二元性（Jansen et al.，2005），环境动态性和复杂性调节联盟网络结构特征与组织二元性的关系（Simsek，2009）。企业员工特征因素，如教育程度、工作经历、价值观等差异，对包容多样性的二元组织文化的形成产生影响。虽然没有特别针对二元组织文化的前因研究，根据已有研究理论推导，有理由相信领导风格、情境因素与员工特征因素等对基于组织多样性和共同愿景的二元组织文化形成起到一定的作用。

第三节　二元组织文化的结构修正的必要性

目前，仅有 Wang 和 Rafiq 真正在理论建构方面对二元组织文化进行了开拓性探讨，管理学术界对二元组织文化的关注十分欠缺，相关理论研究极少。但是，一方面，中国情境下企业中二元组织文化现象非常普遍，企业代际差异和冲突的存在，需要具有包容性的多样性文化；另一方面，提升企业自主创新能力，需要企业具有内部整合资源集中优势即共同愿景的一致性文化。由此，二元组织文化将组织多样性与共同愿景这一对既对立又兼顾的内容设计于一个概念框架下，值得进一步探讨，也非常有趣。此外，通过理论梳理研究发现，这一主题有很强的理论延展价值，如中国情境下二元组织文化概念的深化、延展与结构修正。因此，选择二元组织文化这一主题展开研究，对二元组织文化概念、结构及成因的深入探讨是本书其他相关研究的基础。

研究重点之一是在 Wang 和 Rafiq 的框架基础上进一步探索二元组织文化的概念与理论，构建结构模型与开发测量工具。

首先，Wang 和 Rafiq 已提供了可借鉴的二元组织文化概念以及围绕概念实质的研究框架。他们认为，组织文化是组织在学会应对目标性和灵活性、外部适应和内部集成这些相对应的问题中发展出来的基本信念模式，这两组相互交织的对应面体现组织文化的二元本质。该概念是从组织学习视角来认识二元组织文化的，进一步分为组织多样性与共同愿景两个维度。Wang 和 Rafiq 的概念阐释，有进一步深化和拓展的空间，特别是其组织多样性更多的是指多样的观点、经验和技能，鼓励可替代的问题解决办法，概念有被限制的嫌疑，而对于职场中存在的代际差异体现在人格特质、工作价值观、工作态度、工作行为、领导风格、环境偏好的多样性等因素（李凤香，2010），本书认为，这些与组织多样性相关，同时，影响组织创新的因素也应被重视，有必要对二元组织文化的结构进行合理的修正。

由此，本书将通过理论研究与实证检验的双向多次推导，构建二元组织文化结构模型，识别二元组织文化的理论维度及其关系。在二元组织文化结构模型研究的基础上，进一步研究二元组织文化测量指标，开发适合中国情境的具有良好信效度的二元组织文化量表。

第三章　中国情境下二元组织文化的结构与测量研究

第一节　二元组织文化的结构

　　本书以组织文化及组织学习理论为基础，着重探讨中国情境下的二元组织文化问题。通过质性研究（包括问卷调查、案例资料归纳和访谈），进一步完善并修订了二元组织文化的内涵。基于对组织竞争价值观架构模型与二元组织文化已有文献的研究，我们将二元组织文化定义为组织在学习过程中，兼顾目标性和灵活性、外部适应和内部整合两方面的组织文化。组织文化这两组既对立又兼顾的特征体现出其二元性。两者作为一组对应的组织规范和价值观，其中，组织多样性鼓励和容忍差异，承认和奖励个人的不同观点、技能和知识，包容不同个体的工作价值观、工作态度及行为的差异。共同愿景促进组织成员在开发、交流、传播、实施组织目标等方面整体的积极参与，强调组织内部协调，行为规范基于对目标的一致认同，即使存在不同观点，彼此也能达成一致意见。

　　本书在组织竞争价值观架构模型与二元组织文化已有文献研究的基础上，进一步确定并修订了二元组织文化二维度结构，即组织多样性与共同愿景，测量条目在原有7个条目基础上，添加4个条目，其中，组织多样性维度添加2个条目，共同愿景添加2个条目。形成了二元组织文化的量表。

第二节 二元组织文化的测量

Wang 和 Rafiq（2012）最早提出二元组织文化两维度结构的测量。其中，组织多样性的主要内容包括：尊重每个员工的不同观点；重视不同背景的员工所具备的多样化经验和技能；鼓励所有员工尽可能提出多种问题解决方案。共同愿景的主要内容包括：所有员工认为自己是影响组织发展的重要一员；组织的发展方向清晰地传达给每个员工；每个员工非常了解组织的长期规划和发展方向；每个员工能够很强烈地意识到企业的发展态势。

在此基础上，本书探讨了二元组织文化的主要特征、内在结构和基本维度，采用社会科学中常用的量表开发方法，综合使用定性研究与定量研究，确认或修正了二元组织文化的维度结构和测量条目。通过探索性因子分析和验证性因子分析，研究结果表明二元组织文化具有两个维度，即组织多样性与共同愿景。

探索性因子分析结果建立在开放式问卷收集条目基础上，通过整理分类并参考现有部分二元组织文化测量量表的条目，最终选取了 11 个条目组成的问卷，对 71 家企业进行了调查。探索性因子分析发现，KMO = 0.840，而 Bartlett 球形检验值为 590.838（P<0.001），表 3-1 为探索性因子分析的结果（分析时选项为：主成分分析、最大正交旋转、因子负载大于 0.50）。验证性因子分析结果以另一批调查企业为样本（N = 70），采用结构方程模型进行验证性因子分析。分析过程中，先提出 2 个可供比较的假设验证模型，分别是二元组织文化单因子、双因子结构模型。运用结构方程模型对两种模型进行计算，拟合指标如表 3-2 所示。

表 3-1 二元组织文化探索性因子分析结果

维度	条目	因子 1	因子 2
组织多样性	尊重每个员工的不同观点	0.155	0.738
	重视不同背景的员工所具备的多样化经验和技能	0.094	0.861
	鼓励所有员工尽可能提出多种问题解决方案	0.225	0.866
	包容不同代际员工的工作态度与行为的差异	0.045	0.866
	尊重不同代际员工的独特工作价值观的差异	0.157	0.832

续表

维度	条目	因子1	因子2
共同愿景	所有员工认为自己是影响组织发展的重要一员	0.777	0.163
	组织的发展方向清晰地传达给每个员工	0.898	0.156
	每个员工非常了解组织的长期规划和发展方向	0.820	0.210
	每个员工能够很强烈地意识到企业的发展态势	0.907	0.167
	组织重视不同层级间目标一致	0.814	−0.013
	组织提倡不同职能部门间协调完成项目任务	0.834	0.149
特征值		5.316	2.682
方差解释率（％）		39.756	32.947
总方差解释率（％）		39.756	72.704

表3-2 二元组织文化测量模型比较

因子结构	χ^2/df	RMSEA	SRMR	CFI	IFI	NNFI
单因子结构	2.440	0.144	0.107	0.822	0.827	0.778
双因子结构	1.339	0.070	0.073	0.959	0.960	0.948

从以上探索性和验证性分析结果来看，11个条目的双因子结构比较理想，二元组织文化是由两个因子（组织多样性、共同愿景）共同组成的结构概念。

第三篇

二元组织文化、组织韧性与组织创新的关系研究

第四章 适应动态复杂环境的组织韧性研究

当今世界正经历百年未有之大变局，中美贸易摩擦、逆全球化的态势、全球新冠肺炎疫情的流行，意味着将面临国家层面产业政策调整、全球产业链加速重构等变化，而企业作为生产与创新的主体，会受到极大的冲击和挑战，如何认识和提升组织韧性，是急需解决的理论与实践问题。一些组织在应对生存、意外、突发事件或极端事件时，相比于其他组织来说更为成功（Gittel，2016），更容易从负面环境或事件中恢复过来，并继续向前发展，其中关键原因就在于组织韧性。组织韧性能够保证企业在一个动荡、变革、不可预测的环境中生存下来，同时还能够推动企业持续地增长。并且，即便组织没有遭受动荡，在日常运营中，也需要员工即兴的反应来处理组织中可能出现的突发事件，因此，组织韧性就变得极其重要。

韧性这一概念最初应用于儿童心理学（Garmezy，1970）和生态学（Holling，1973）领域，现在已经普遍应用于心理学、环境科学、组织研究和工程等不同领域。在组织领域，韧性的概念与危机管理、灾难有关（Paton，2001），是组织用来应对自然灾害和外部不确定性环境带来的冲击的能力。组织韧性是指，当组织面临挑战性冲击或不幸事件时，组织韧性能够帮助组织迅速恢复，挑战组织过程并保持原有的功能和理想的结果（Gittel，2016）。

组织韧性在组织领域已成为重要主题，学者们从不同角度对组织韧性进行了描述。Vogus 和 Sutcliffe（2003）将组织韧性定义为组织应对挑战性事件的积极调整，是组织克服逆境的一种方法。Gittell 等（2016）在此基础上加入了动态的观点，认为组织韧性是一种随时间推移而发展的能力。类似地，Lengnick-Hall 等（2011）也将组织韧性视为一种能力，使组织能够对意外事件做出充分反应，并利用可能威胁组织生存的突发事件。但是，有关组织韧性领域的相关研究仍然有空白，未能形成综合性研究框架，以展现组织韧性的构建和作用过程。具体来说，现有组织韧性的文献多关注组织韧性的前因变量，而缺少对其影响机制的研究，以及可能对其他变量产生的影响。因此，本书在以往研究基础上，整理组织韧性的相关概念及其区别和前因变量，进一步对比、归纳和分析近年来有关组织韧性的构成因素、结果变量的研究。

第一节　组织韧性概念与测量

一、概念界定

韧性概念的提出是在心理学领域，强调的是心理韧性。后来，韧性概念逐渐转向组织领域，由关注个体韧性转向关注团队和组织层面的韧性（Paton，2001）。Weick（1993）在研究曼恩峡谷森林火灾事件中，提出了组织韧性概念，他认为组织韧性是组织在应对应急、突发事件中非常重要的一种手段。在组织的背景下，韧性被认为是一种能够预见、避免和适应组织遭遇的破坏和变化的能力。

以往学者通常从静态和动态两个角度来阐述组织韧性概念（Sutcliffe，2003；Richtner，2014）。静态观点认为，组织韧性是指当遭遇意外或突发事件时，组织能够恢复到原来的状态（Paton，2001；Richtner，2014）。在这一观点中，组织韧性类似于物理学上的韧性，即材料在拉伸变形后能恢复到其原始状态。这种静态观点应用于组织层面，则表现为当组织面临意外时，能够迅速恢复到其原有水平的能力（Lengnick-hall et al.，2011），强调组织能够从困境中迅速走出来。Gittell（2016）研究了"9·11事件"后航空业公司恢复的速度，认为具有韧性的组织的恢复速度会明显加快。

动态观点则超越了静态观点的简单恢复，强调组织在恢复预期水平后，仍能不断向上变化并扩展的能力（Coutu，2002；Lengnick-hall et al.，2011）。

在动态观点下，组织韧性被认为是一种不断发展、进步的概念。Gittell 等基于 Vogus 等（2003）和 Weick（1993）的观点将组织韧性定义为"一种能够随着时间推移而增长和发展的动态能力"。企业通过利用它自身资源的韧性能力，不仅能够解决企业当前面临的困境，还可以利用这种困境进一步发展自身（Lengnick-hall et al.，2011），具有韧性的组织可以不断持续增长。本书主要探讨的是动态观点下的组织韧性。Lee（2013）将组织韧性定义为，组织在面临困境时依然能够生存下去、继续发展的能力。有些学者指出，组织韧性产生于员工个人韧性，Lengnick-hall 等（2011）认为，组织韧性能力产生于一系列个人层面的知识、技能和能力，以及组织惯例和过程中，并在组织层面聚合。Hamel（2003）则从组织战略角度，将组织韧性定义为组织能够动态地重新投资其商业模式和战略的能力，包括对威胁到组织核心的突发事件的持续预测和调整，并在突发事件明显出现之前就进行主动改变。有学者进一步将静态观点与动态观点结合，Duchek（2019）考虑了组织对危机的反映与预期的视角，将组织韧性定义为组织预测潜在威胁、有效应对不利事件和适应不断变化的条件的能力。国内学者也有类似的观点，曹仰峰（2020）将组织韧性定义为，组织在面临危机、困境时，重构组织的资源、流程和关系，在危机中迅速恢复，并利用危机和困境实现逆势增长的能力。组织韧性和组织灵活性（Flexibility）、组织适应性（Adaptivity）以及组织敏捷性（Agility）的概念有共同之处，但也有不同。灵活性指的是，在相对较短的时间内，以较低的成本做出改变的能力（Ghemawat，1998）；敏捷性是指，开发和快速应用灵活、动态的竞争举措的能力（Mccann，2004）；适应性是指，重建与环境相适应的能力（Chakravarthy，1982），灵活性、适应性和敏捷性都有助于提高组织韧性，但是不能替代组织韧性。组织韧性强调的是从内到外，包括组织恢复、转变和动态创造力的一个过程，而适应性往往基于外部一个假定的期望平衡状态，从外部的角度来适应环境的需要，且灵活性和敏捷性通常是公司持续战略能力的一部分。

二、组织韧性构成模型

有较多学者对组织韧性的构成因素进行了研究。Weick（1993）早在研究曼恩峡谷森林火灾事件时，就提出了四种可能的韧性来源，包括即兴创作、虚拟角色系统、智慧态度和尊重规范的互动，可以使团体减少遭受感官干扰的可能性，防止组织的解体。之后，Vogus 和 Sutcliffe（2003）提出，组织面临突发性事件时，可利用结构资源、认知资源、关系资源和情感资源，即通过增进信息处理能力，调动潜在的互动协调，对逆境做出韧性反应并迅速恢复。

后续有诸多学者基于 Vogus 和 Sutcliffe（2003）的观点，对组织韧性的构成因素产生了不同的理解。Lengnick-Hall 等（2011）提出，培养组织韧性能力需要三个核心要素：认知能力、行为特征和情境条件，他在 Vogus（2003）的观点上额外强调战略人力资源管理系统的重要性，即通过战略人力资源系统，开发核心员工的创造能力。

Gittell（2016）和 Powley（2009）同样提出，关系资源在组织韧性构建中的重要作用。其中，Powley（2009）还支持了结构资源和情感资源的观点，他提出组织韧性应包括阈限暂停、富有同情心的见证和关系冗余。

在关注组织韧性所需资源的同时，Hamel（2003）认为，组织韧性形成的前提为认清环境是不断变化的（克服否认），而后为有价值的活动提供资金（解放资源），接受并探索新的战略（接受悖论），从而获取战略性韧性。Lee（2013）也有类似的观点，即首先要感知组织情境。与 Hamel（2003）不同的是，Lee（2013）强调组织内部关键漏洞的管理及组织适应能力的培养。

对组织韧性构成因素进行总结，如表4-1所示。

表4-1　组织韧性构成因素

研究者	研究类型（样本来源）	组织韧性构成因素
Weick（1993）	案例研究（曼恩峡谷火灾事件）	即兴创作/虚拟角色系统/智慧态度/尊重规范的互动
Vogus 和 Sutcliffe（2003）	理论研究	增强信息处理能力/放松控制/使用空闲资源（认知、关系、情感）
Hamel 和 Vlikangas（2003）	理论研究	克服否认（认清环境是不断变化的事实）/价值多样化（以实验的形式）/解放资源（为有价值的活动提供资源资金）/接受悖论（选择探索新的战略）
Gittell 等（2006）	实证研究（"9·11事件"后的美国西部航空公司和美国联合航空公司）	关系储备/可行的商业模式/财政储备/避免裁员

续表

研究者	研究类型（样本来源）	组织韧性构成因素
Powley（2009）	案例研究（商学院的枪击和对峙事件）	阈限暂停/富有同情心的见证/关系冗余
Lengnick-hall 等（2011）	理论研究	认知因素/行为因素/情境因素
Lee 等（2013）	实证研究（基于 McManus 的量表研究）	情境感知/关键漏洞管理/适应能力
Gover 等（2018）	案例研究（来自社区医院 39 人的访谈数据）	人/组织变革情境/组织过程/外部环境
Andrsson 等（2019）	案例研究（2008~2013 年对 Handelsbanken22 位受访者的调查）	风险意识/合作偏好/敏捷性/即兴发挥

三、组织韧性测量

Weick（1993）在研究曼恩峡谷森林火灾事件的基础上，开发了包含修复能力、判断能力和角色系统三个因素的组织韧性测量量表。Mallak（1998）调查了急救医疗保健行业的护士主管，在 Weick（1993）提出的三因素基础上，开发了六因素模型，分别为目标导向的解决方案寻求、回避或怀疑、关键理解、角色依赖、资源韧性和资源获取。Somers（2009）扩展了 Mallak（1998）的研究，将其应用于公共工程组织。他使用非概率样本的数据，开发了组织韧性潜在量表，增加了决策结构和集中化、连接性、连续性规划和机构认证等指标。但是，由于它们都不是使用随机样本开发的，因此不能作为韧性测量工具的唯一基础。

McManus（2004）通过半结构化的访谈，对新西兰组织进行了定性研究，并提出组织韧性的三因素：态势感知、脆弱性和适应能力。其中，每个因素又包含 15 个韧性指标。然而，她的量表仅适合案例研究组织。Lee（2013）基于 McManus（2004）的模型，进一步确定了两因素：计划和适应，共包含 13 个指标。其中，计划和适应的双因素结构完全包含了 McManus 提出的所有指标。Orchiston 等（2016）则强调了研究旅游部门组织韧性的主要指标，他在 Lee（2013）的基础上，提出了两因素：规划和文化，规划和文化是 Lee（2013）提出的计划和适应因素的结合。

第二节　组织韧性的前置因素

基于以往文献研究，组织韧性的前置因素可归纳为组织战略、人力资源管理实践、组织资源、组织领导、组织文化与外部环境。

一、组织战略

组织战略是管理者为实现较高组织绩效而制定的详尽的决策和行动模型。组织战略代表着组织的整体前进方向，专注于组织核心业务的组织战略有利于组织韧性的构建。现有研究探讨了不同组织战略对组织韧性的影响。

制造战略与竞争战略对发展组织韧性具有不同的影响（Acquaah，2011）。制造战略是指在成本、质量、交付和灵活性方面的具体能力，它是开发不同竞争战略的基础。制造战略影响了结构和基础设施决策，而这些决策决定了资源获取的灵活性，进而会减少组织的脆弱性，让组织更易从逆境中恢复（Rice，2015）。将制造战略与竞争战略有效结合，有助于组织韧性的提升，并获得竞争优势和组织绩效。并且，制造战略与竞争战略需要保持一致性，即两者有效地匹配起来（Paiva，2008）。国内学者也有相似的观点，曹仰峰（2020）提出，组织应该采取"精一"战略，即"战略"与"运营"之间保持动态平衡，将战略目标和运营能力匹配起来。同时，保持内生增长和外生扩张的企业，易于培养组织韧性，实现韧性组织的构建（Chakravarthy，1982）。

客户导向战略对组织韧性也有着积极的影响。采取客户导向战略规划的企业更能减少经济衰退造成的金融波动；良好的客户关系管理可以防止市场需求的波动（Winston，2014）；采取客户导向战略的企业可以根据客户的新需求积极地调整和创新，保持稳定或增长的销售额，同时也能跻身客户的供应链中，充分了解客户需求（Demmer，2011），来提升培育企业的组织韧性。

此外，柔性制造战略和差异化竞争战略可以通过在资源中建立灵活性（Boyer，2009），成本领先战略可以通过建立资源冗余（Rice，2014）来增强组织韧性。

二、人力资源管理实践

人力资源管理实践是指，通过招聘、选拔、培训、薪酬等管理形式对组织内外相关人力资源进行有效运用。人力资源管理实践是构建组织韧性的重要基础（Riolli，2003），组织通过采取合适的人力资源管理实践，能够更好地应对组织面临的危机，培养组织韧性（Bardoel，2014）。同样地，对企业来说，当其面临危机如经济冲击时，采取适当人力资源实践的中小企业会表现出更强的韧性，从危机中恢复并持续发展（Lai，2016）。

组织韧性并非单一在极端危机事件中产生，组织中的日常管理活动也影响着组织韧性的构建（Stokes，2018）。组织日常运营中人力资源管理实践的实施，能够从组织层面和员工层面影响组织韧性。

在组织层面上，人力资源管理实践能够调节组织氛围使其往积极方向发展；在管理者和员工、员工和员工之间保持良好沟通、给予自主权的基础上，构建正向的工作环境（Boselie，2005）；保持人力资源政策和人力资源准则的一致性，从而达成一个完整的战略人力资源管理系统，增强组织韧性（Lengnick-hall et al.，2011）。

在员工层面上，员工通过参与相匹配的人力资源政策和实践，来获得参与、沟通、认可和关系，从而应对可能面临的困难（Dalgaardnielsen，2017）。人力资源管理实践的实施，会使得员工更加适应组织的变化并完成组织所需新要求。此外，由于人是实现组织绩效的主要参与者，人力资源管理实践能够加强员工的整合、参与和发展，提升核心员工韧性能力，增强员工绩效，从而实现组织目标（Kang，2007）。

三、组织资源

组织资源有助于组织吸收知识、提升技能，以及培养信任关系，从而正向影响组织韧性（Cooke，2016；Dalgaardnielsen，2017）。根据以往文献，对组织韧性有影响的组织资源可以分为以下三类：

第一类为个体员工。核心员工对于组织韧性的构建有着重要影响。根据Lengnick-hall等（2011）的观点，组织韧性建立在核心员工的知识、技能以及能力之上，再通过战略人力资源管理系统在组织层面聚集，形成组织层面的韧性能力。也有学者把核心员工视为技术资产，来保持企业自身核心竞争力（薛涌，2013）。员工个体的教育培训以及经验同样是组织韧性的重要来源（Sutcliffe，2003）。

第二类为组织内的关系资源。组织内的社会网络、同事关系、正式与非正式的支持服务等均为对组织韧性有积极影响的关系资源（Dalgaardnielsen，2017；Badu，2020；Cole，2006）。组织资源有助于建立组织韧性，同事关系能够提供非正常支持服务和积极的沟通，而正式的组织支持服务（包括心理健康关注、压力管理等）也有助于组织内员工应对逆境，提升组织整体韧性（Cole，2006）。

第三类为组织外部资源。组织韧性不仅依存于组织内部资源，组织外部资源（包括外部社会关系）同样对组织韧性有着积极影响。积极的社会关系对组织韧性能力有着积极的预测效应，通过利用外部社会网络，组织更易从困境中恢复运转。Gittell 等（2016）对美国"9·11"恐怖袭击发生后的航空公司进行研究，发现积极的社会关系有助于企业维持低水平的债务。企业通过一定社会实践利用外部资源，能够提升企业生存能力（Ortiz-de-Mandojana and Bansal，2016），更容易帮助组织在动荡的环境下继续经营生存，进而提高组织绩效。

四、组织领导

组织中的领导是组织韧性的重要影响因素之一。一方面，领导者通过利用其自身的社会影响力和社会网络中固有的认知、社会和情感资源（Teo，2017），以及组织内现存关系，来影响员工与员工之间的交互，增加信任度，从而提升组织韧性。另一方面，领导者和下属之间存在交叉效应，领导者韧性可以从领导者向下属转移，即具有韧性的领导会促使员工具有韧性，而员工的韧性最终在组织层面聚集，有利于组织韧性的产生（Fan，2020）。所以说，领导是构建组织韧性的核心（Rillio，2003）。

现有文献研究组织内不同风格领导者对组织韧性产生积极的影响集中于变革型领导和谦逊型领导。变革型领导通过对下属进行理想化的影响、激励性动机、智力刺激和个性化的考虑，使下属超越自身利益，追求集体目标。变革型领导的行为对组织韧性的影响主要体现在员工自身与关系、组织环境。变革型领导的行为有助于员工增强自我效能感，通过员工授权和积极反馈，使组织成员在面临挫折时更有可能坚持下去（Michaelis，2009）。它也有助于在组织成员之间建立积极的关系，创建积极的组织氛围，并为组织中的成员提供支持性环境，使下属更有可能克服困难（Ungar，2006）。变革型领导的行为不仅正向影响着组织韧性，它与团队韧性之间也有着正向关系，提高团队生存能力和团队质量（Dimas，2018）。

此外，谦逊型领导同样正向影响着组织韧性。谦逊型领导会把组织内遭遇的问题和错误视为一种机遇，将组织面临的逆境转化为挑战。同时，谦逊型领导能够为员工提供智力刺激，增加与工作相关的晋升重点和感知的内部人身份（Zhum，2019），以促进员工的韧性来应对组织面临的突发事件。

五、组织文化

组织文化影响着组织韧性的形成（Gover，2018）。首先，组织文化决定了员工在组织内信息共享、团队合作和风险承担方面的态度，而合适的组织文化能够提高成员之间的信任；其次，组织文化代表着组织内一致的价值观，能够指导员工的日常行为、战略角色和责任（Borekci，2014）；最后，文化可作为一种资源运作能力，来帮助组织使用现有资源，实现组织韧性。

有关组织文化影响组织韧性的文献中，组织价值观尤为重要。组织价值观为组织诠释和塑造组织环境，为组织指明发展方向。并且，通过明确的使命传达，组织成员会对组织目标的价值有深刻的信念，员工个体的价值观会与组织整体价值观保持一致（Bhamra，2011）。进一步地，接受组织目标与价值观的员工更愿意为组织的利益付出应付出甚至额外的努力，并且有强烈意愿留在组织中——带来员工高组织承诺。高组织承诺的员工能够让组织保持活力和愿意主动地解决困难，积极应对组织可能面临的突发事件，从而正向影响组织韧性（Youssef，2016），所以，组织文化作为一种内聚性特征是组织韧性的基础，进而发展结合外部资源，再依托外部力量获得新生资源并通过网络化合作再次聚集于组织之中。

部分学者将目光放在韧性组织独具的文化特征上。李彤（2013）提出"上进、责任、感恩"三维韧性文化机理体系，以此来形成企业的韧性精神；曹仰峰（2020）则认为，"至善文化"是韧性组织的文化特征。组织中需要存在敢于面对挑战的"勇士精神"和成员之间的"关爱信任"。

六、外部环境

组织面临的逆境和不良后果很多是由外部风险带来的，包括政治经济环境动荡、核心技术流失、文化冲突、市场变动等。风险不可避免（Master，2011），组织应将风险视为组织韧性开发和培养过程中的影响因素加以控制。因为变化和意外在带来风险的同时，也给组织带来了机遇。具有韧性的组织能够在挑战性的条件下保持积极的调整，克服挑战并利用机遇，对组织实施变革（Lengnick-Hall et al.，2011），即组织可以利用外部风险，在应对困境的过程中培养组织韧性。

组织可以通过在外部参与社会责任活动和经营利益相关者的关系来正向影响组织韧性。韧性组织与其外部环境之间关系的核心在于相互信任和互惠互利（汤敏，2019）。一方面，组织在外部环境中，通过经营与环境以及利益相关者相关的社会责任，使组织能够有效地感知外部环境的变化，减轻负面事件对组织的影响（Ortiz-de-Mandojana and Bansal，2016）。另一方面，组织在进行社会责任活动的同时，可以获得外部资源和相关者的支持。由此，组织获得竞争优势，带动组织韧性的提升（Gao，2012）。

第三节　组织韧性的结果变量

一、组织创造力

组织韧性包含四种资源：结构资源、认知资源、关系资源和情感资源（Sutcliffe，2003），认知资源和情感资源都是组织韧性包含的重要因素，Richtner 等（2014）分别检验组织韧性的四种资源（结构资源、认知资源、关系资源、情感资源）与组织创造力之间的关系，发现组织韧性与组织创造力具有积极的关系。而 Pal 等（2014）通过对瑞典 20 家中性技术性企业展开调查，结果发现组织资源对一个组织的创造力是重要的，其中，情感资源和认知资源对组织创造力有着显著的正向影响。对于一个组织来说，拥有足够的技能、知识和能力，并以最优的方式开发这些资源，培养组织应对一些非常规化的问题，可以提升组织的创造力。同事之间正向积极的情感，譬如信任、友好等都是影响组织绩效的重要因素，组织内也可借此提升优质的信息交流，激发不同观点，为提升组织创造力奠定基础。因此，组织韧性能够带来组织创造力的提升。

二、组织绩效

具有韧性的组织在面临外部突发事件时，不仅能够恢复原来的状态，还可以利用突发事件开发新的能力和相互匹配的战略来利用外部的变化。它也能够在不断变化的动态环境中调整其商业模式以及战略能力。具有韧性的组织有动态能力，这有利于组织绩效的达成（Smith，1977）。它有良好的盈利能力来达成绩效，因为可以充分调配组织内部资源（包括物质资产、员工资产等）和外部资源（包括社会关系等）。在组织内部，可以通过人力资源管理实践（培训、教育、经验分享）提高员工的技能、知识与核心竞争力。在组织外部，可以与外部利益相关者达成良好的合作关系，形成优质的价值链以及开发合作网络，来完成其战略目标和规划。Holling 等（1973）基于认知和行为的角度，也认为组织韧性能够使企业更准确地诊断环境状况，选择最有效的战略姿态。这有助于公司决定是利用现有的优势资源，还是创造根本不同的优势资源。同时，组织韧性能够确保企业采取必要行动，将竞争潜力转化为实现的战略。Pal 等（2014）在研究瑞典中小型纺织企业时发现，具有韧性的企业更容易度过经济危机，恢复的速度更快且有更好的业绩。具有韧性的组织能够对突发事件做出预测，及时采取应对措施，并在突发事件之后进行学习和变革，使得组织能够拥有更充分的资源和经验恢复过来，提升自己并应对下一次的事件。这样组织可以减少在突发事件中的损失，并获得更多的创造力，促进组织绩效增长。

第五章 二元组织文化对组织创新的作用研究：组织韧性视角

第一节 研究目的

我国实施创新驱动发展战略，企业是创新主体，企业要获得持久竞争力，在国际竞争日益激烈复杂多变的环境下，必须适应当今世界新技术革命崛起的潮流，获取新的竞争优势。组织韧性（Organizational Resilience）兼具对市场环境的被动快速响应与主动变革的能力，对组织创新有重要影响，组织韧性指一种对不可预期、充满压力、不利情境的反应并恢复预期的能力（Gittell et al.，2006），还包括开发新的能力与扩展能力范围以跟上甚至创造新的机会，不仅解决当前困境，而且利用各种机会建立一个成功的未来（Lengnick-Hall et al.，2011）。故目前研究提升组织韧性，为企业当前的生存与未来的可持续发展构筑一条护城河，对提高竞争优势与组织创新至关重要。

企业的生存和长期发展越来越依赖于兼顾拓展现有能力和探索新机会的二元创新模式（Mom et al.，2018；O'Reilly and Tushman，2013）。因此，如何在组织中同时促进两种看似矛盾的创新，成为学者和实业界亟须解决的问题。已有研究探讨了如何通过结构二元性和情景二元性促进组织创新能力，并越来越强调情景二元性的重要作用（Fourné et al.，2019）。相比结构二元性会因为结构分离而带来协调成本，以及时间分离带来交易成本，情景二元性强调组织二元的整体性，注重拓展型和开拓性创新的协同，并且认为员工的行为模式是组织二元创新的重要来源（Patel et al.，2013；Simsek，2009）。

组织文化作为重要的情景因素，通过价值观、信念、历史和传统等影响成员的深层理念及行为模式（Barney，1986；Hofstede，1991）。学者们普遍认可组织文化对创新的重要作用，并且提出只有在适当的组织文化环境中，组织中的创新才会活跃发展（Jassawalla and Sashittal，2002；Martins and Terblanche，2003；Song et al.，2019）。Richtnér 和 Löfsten（2014）也强调了在结构资源之外，组织文化等软技能对组织在不确定性的环境中保持创新往往有更重要的作用。然而，已有文献鲜有涉及从二元视角研究组织文化与二元创新之间的关系。Wang 和 Rafiq（2014）认为，组织文化是组织在学习应对指令性和灵活性、外部适应和内部集成这些二元问题中发展出来的基本信念模式，这两组相互交织的对应面体现组织文化的二元本质，因此对组织二元创新有潜在的重要作用。更进一步地，他们将组织多样性与共同愿景这一对既对立又兼顾的内容设计于一个概念框架下，组成二元组织文化。其中，组织多样性鼓励和容忍差异，承认和奖励个人的不同观点、技能和知识。共同愿景促进组织成员在开发、交流、传播、实施组织目标等方面整体的积极参与。虽然组织多样性与共同愿景作为一组对应的组织规范和价值观，为企业管理中促进二元创新这个现实问题提供了一个较好的借鉴和思路，但这两种文化在组织中如何和谐共存、相互协同，以促进组织二元创新，仍需进一步探索。

本研究从组织韧性视角出发，探索多样性文化和共同愿景如何分别影响组织韧性与组织创新，以期更准确揭示组织韧性对二元文化与创新之间关系的中介作用机制。组织韧性指组织在逆境中吸收压力并维持甚至改进运转的能力，对组织创新有重要影响（Kahn et al.，2018；Tsai，2001；Richtnér and Löfsten，2014）。组织韧性与动态竞争紧密相关，不仅包含组织在受到冲击后的恢复能力，还有组织能够不断地与变化保持同步，并能够从逆境中不断学习、寻找、预测和创造新的机会以应对，所以组织不仅能够解决当前困境，同时还能够利用这样的困境提升组织进行有效变革的能力和扩大组织资源的能力（Lengnick-Hall et al.，2011）。二元组织文化通过影响员工的行为模式，使得组织内部融合多样化的知识、技能和信息的同时，又能保持协调一致，形成快速、灵活处理和回应环境变化的能力，通过提升组织韧性最终增强组织创新（Ortiz-

De-Mandojana and Bansal，2016）。二元文化虽然有利于增强组织的灵活性和一致性，但组织文化在多大程度上得到了组织资源和员工行为上的支持和保证，会影响其提升组织韧性最终转化为组织创新的效果。高员工卷入的组织鼓励员工参与到相对高水平的组织决策过程中，带来有价值的想法，并促进大量新颖观点的产生，使得组织在面对危机时灵活应变，获得新发展（Benson et al.，2006）。因此，本研究认为，员工卷入是二元文化影响组织韧性并最终促进二元创新的边界条件。

国内外学者研究组织韧性的文献较少，从组织韧性视角探讨二元组织文化与组织创新之间作用机制的实证研究则更为缺乏。本研究基于组织学习理论，构建二元组织文化、组织韧性与组织创新之间关系的被调节的中介模型，探索组织韧性在二元组织文化对组织创新的作用机理中的重要作用，讨论企业如何通过恰当地设计与营造组织文化，引导和塑造符合企业战略需要的员工行为，以增强组织韧性，从而实现组织创新的提升。

第二节　理论与假设

一、二元组织文化与组织韧性

1. 组织韧性

韧性概念的提出是在心理学领域，强调的是心理韧性。后来，韧性概念逐渐转向组织领域，由关注个体韧性转向关注团队和组织层面的韧性。在组织领域中，韧性概念往往与危机管理、灾难有关，是组织用来应对自然灾害和外部不确定性环境带来的冲击的能力。Weick（1993）在研究曼恩峡谷森林火灾事件中，提出了组织韧性概念，他认为组织韧性是组织在应对应急、突发事件中非常重要的一种手段。在组织的背景下，韧性被认为是一种能够预见、避免和适应组织遭遇的破坏和变化的能力。

以往文献从不同侧面研究了组织韧性。

（1）从两种不同的视角看待组织韧性的概念。第一种视角认为，组织韧性是指一种对不可预期、充满压力、不利情境的反应并恢复预期的能力（Gittell et al.，2006），当组织韧性被看作是反弹能力，重点是应对策略和快速恢复预期绩效水平的能力。组织努力的目的是重新建立企业和新现实之间的强契合，同时避免或限制功能失调或倒退的行为。第二种视角认为，组织韧性除了恢复能力之外，还包括开发新的能力与扩展能力范围，以跟上甚至创造新的机会（Lengnick-Hall and Beck，2003，2005；Lengnick-Hall et al.，2011），组织韧性是充分利用难以预料的挑战和变化的能力。这种观点超越了回到既定的基准，把组织韧性看作一个重要因素，使一个公司利用其资源和能力，不仅解决当前困境，而且利用各种机会建立一个成功的未来（Lengnick-Hall et al.，2011）。本研究采用组织韧性的第二种视角，兼具被动响应与主动出击的能力。

（2）从静态和动态两个角度来阐述。静态观点认为，组织韧性是指，当遭遇意外或突发事件时，组织能够恢复到原来状态（Paton，2001）。在这一观点下，组织韧性类似于物理学上的韧性观点，即材料在拉伸变形后恢复到其原始状态的能力。这种静态观点应用于组织层面，则表现为当组织面临意外发生时，能够迅速恢复到其原有水平的能力（Lengnick-Hall et al.，2011），强调组织能够从困境中迅速走出来。Gittell 等（2016）研究了"9·11事件"后航空业公司恢复的速度，认为具有韧性的组织恢复的速度会明显加快。动态观点则超越了静态观点的简单恢复，强调组织在恢复预期水平后，仍能不断向上变化并扩展的能力。在动态观点下，组织韧性被认为是一种不断发展、进步的概念。Gittell 等（2016）基于 Weick（1993）的观点将组织韧性定义为"一种能够随着时间推移而增长和发展的动态能力"。企业通过利用它自身的资源和韧性能力，不仅能够解决企业当前面临的困境，还可以利用这种困境进一步发展自身（Lengnick-Hall et al.，2011），具有韧性的组织可以不断持续增长。本研究主要探讨的是动态观点下的组织韧性，Lee 等（2013）将组织韧性定义为组织在面临困境时依然能够生存下去、继续发展的能力。有些学者指出，组织韧性产生于员工个人韧性，Lengnick-Hall 等（2011）认为，组织韧性产生于一系列个人层面的知识、技能和能力，以及组织惯例和过程中，并在组织层面聚合。Hamel 等（2003）则从组织战略角度，将组织韧性定义为组织能够动态地重新投资其商业模式和战略的能力，包括对威胁到组织核心的突发事件的持续预测和调整，并在突发事件明显出现之前就进行主动改变。有学者进一步将静态观点与动态观点结合，Duchek（2019）考虑了组织对危机的反应与预期的视角，将组织韧性定义为组织预测潜在威胁、有效应对不利事件和适应不断变化的条件的能力。国内学者也有类似的观点，曹仰峰（2020）将组织韧性定义为组织在面临危机、困境时，重构组织的资源、流程和关系，在危机中迅速恢复，并利用危机和困境实现逆势增长的能力。

同时，组织韧性与组织灵活性（Flexibility，相对较短时间、较低成本变革的能力）、适应性（Adaptability，匹配环境的重建能力）既有共同点，也有重要的区别，韧性需要被意外事件触发，灵活性往往是公司的持续战略能力（增加可控性）的一部分；韧性结合从内到外的更新、改造和动态的创造力，相反，适应性强调需要从外到内的视角环境匹配，经常假定一个新的外部确定的平衡是理想的状态。总之，灵活性、适应性可能有助于组织韧性，但这些能力没有哪一个足以实现和替代它（Lengnick-Hall et al.，2011）。组织韧性强调的是从内到外，包括组织恢复、转变和动态创造力的一个过程，而适应性往往基于外部一个假定的期望平衡状态，从外部的角度来适应环境的需要，且灵活性通常是公司持续战略能力的一部分。

2. 二元组织文化

二元组织文化源于组织二元性理论。组织二元性是组织理论中一种新型的研究范式（Fourné et al.，2019），由 Tushman 和 O'Reilly 在 1996 年首次提出，他们认为，组织二元性意味着拓展现有能力与探索新机会同步进行，是一个组织在一个快速变化的动态环境中长久生存和发展的能力。基于此，Wang 和 Rafiq（2014）最早提出二元组织文化概念与结构，认为"二元组织文化是组织学习过程中，兼顾指令性和灵活性、外部适应和内部整合两方面的组织文化。组织文化这两组既对立又兼顾的特征体现出其二元性"。企业实践中，一方面，随着新生代员工逐渐成为职场的主力军，工作场所员工代际差异和冲突已然现实存在（刘凤香，2010），给企业管理带来新的挑战。企业代际差异等形成劳动力多样性，需要具有欣赏员工个性化和多样化价值的多样性文化。另一方面，全球化竞争使企业重视自主创新能力提升，要求企业具备内部高度协调整合与集中优势的一致性文化，共享价值观是核心。因此，笔者在借鉴鼓励创造性的多样化可融入强调方向和纪律的群体规范（Rink and Ellemers，2007）这样的观点基础上，聚焦于一对组织价值观和规范，即组织多样性和共同愿景，看似矛盾但在一定情境下又可调和，构成二元组织文化的两维度结构。其中，组织多样性是鼓励和容忍差异、承认和奖励个体不同观点、技能和知识的一套组织价值观和规范。主要聚焦于组织多样性的无形方面，强调在组织学习方面的作用，不同于人口统计特征的异质性（员工的性别、年龄和种族），组织多样性是一个业务单位层面的概念，反映了文化规范，即尊重诸如信息、知识和观点等方面的任务相关差异。共同愿景则是鼓励及促进组织成员积极参与开发、交流、传播、实施组织目标等方面的一套组织价值观和规范。基于组织学习理论，业务单元共同愿景的开发是自下而上的过程。共同愿景是学习型组织的转化机制，每个成员在构建组织文化中发挥积极作用。

3. 二元组织文化与组织韧性

一方面，组织多样性可以实现组织知识的丰富性，多种观点和知识信息的储备有利于组织更好地把握内部发展及外部环境的变化趋势，在遇到突发危机时，及时有效处理，要求做到灵活性与多样性统一，内含活力与弹性机制，把影响降到最低，甚至转危为机，实现变革与创新。组织异质性知识资源能够降低组织刚性，提高组织柔性能力和组织适应性，最终为企业带来竞争优势（Kogut，1992）。组织韧性会受到组织学习和知识管理过程的影响，组织学习强调通过组织内部的信息沟通和共享，对知识进行加工、处理和消化，提升组织吸收能力，不断优化组织运作的模式和自身的行为，最终增强组织适应能力和竞争能力（陈国权，2009）。

另一方面，共同愿景为组织成员勾勒出实现共同价值目标的美好蓝图，培养了组织成员以及各业务单元的合作精神，增强对组织的使命感和责任感。共同愿景中所体现出来的利益、目标的一致性有利于任务的协调，以及组织成员之间的沟通和信息分享（Pearce and Ensley，2004），在变化和危机面前，既能够使成员或各业务单元自发地发挥作用，又能够通过各种资源的快速整合、互补合作及时有效地化解危机，为组织带来更多新想法和新发展。Senge（1990）指出，没有共同愿景，组织学习很难发生，因为它可以提供一种"拉动"力量，使得组织成员向组织目标靠拢，帮助克服惯性力量。鼓励学习增强了组织在特定领域的知识基础，进而提高了组织吸收能力，吸收能力的复杂性与组织韧性相联系（Liao et al.，2003）。

二元组织文化对组织能力的探索与拓展有正向促进作用（Wang and Rafiq，

2014），而新的能力开发与拓展恰恰反映组织韧性的增强。由此，提出如下假设：

假设1：二元组织文化对组织韧性有正向影响。

假设1a：多样性对组织韧性有正向影响。

假设1b：共同愿景对组织韧性有正向影响。

二、二元组织文化与组织创新

组织创新可分为两类：增量性创新是指对现有产品和服务的改进和加强，突破性创新指对现有产品/服务或者开发新产品/服务的显著变革（Subramaniam and Youndt，2005）。两者根本区别在于应用组织知识的不同，增量性创新是"改善和利用现有的技术轨道"，而突破性创新则"破坏现有的技术轨迹"（Gatignon et al.，2002；Mom et al.，2018）。

组织文化是影响组织创新的重要因素，组织文化可以为组织创新提供极有价值的知识储备库，其形式可以是组织环境和组织的任务、愿景、价值观等（Chang and Lin，2015；Lemon and Sahota，2004）。组织二元文化作为包容兼顾两组相对应文化特征的特定文化形态，必然也与组织创新存在密切联系。

一方面，组织多样性体现的价值观：鼓励个人思考和自主创新行为，产生多视角和观点。这些多视角有助于提供更广泛的认知和智力地图，增加防止近似思维和促进创造性解决方案的可能性，重视多样性的组织文化鼓励个人以一种突破性的思维方式思考问题，呈现差异化和自主化的表现方式，贡献出自己的新观点（Popper and Lipshitz，1998）。因此，多样性可以帮助组织避免偏爱熟悉的解决方案而不考虑其他方案的倾向（Ahuja and Lampert，2001；Wang et al.，2016），这不仅是探索，在某种程度上也是拓展（Wang and Rafiq，2014），探索性学习获得新知识，获得创新能力，促进新产品开发，探索性学习确保新产品区别于竞争对手的产品（Katila and Ahuja，2002），拓展性学习充分利用现有技术与产品市场领域的相关资源，并通过构建和复制公司先前的技术与产品、市场知识与经验，使企业提升新产品开发效率（Shane，2000）。

多样性是组织创新的催化剂，而多样性被管理和重视的程度是区分有效组织和普通组织的重要因素（Chung and Gibbons，1997）。虽然太多的多样性可能会适得其反，因为它可能会增加管理成本（Katila and Ahuja，2002；Simsek，

2009)，但现实中，大部分组织不可能达到很高的组织多样性水平，以至于导致成本急速增加超过产生多个潜在的更好的解决方案问题所带来的效益（Ahuja and Lampert，2001；Katila and Ahuja，2002）。

另一方面，共同愿景为组织成员提供了实现组织目标的使命感和方向感，增加了将个人目标和行动服从于集体目标和行动的意愿（Eldor，2019）。个人价值观同组织价值观相一致而形成"聚合效应"，这是成员之间信任的基础，有助于避免冲突，促进利益和谐，降低机会主义行为出现的可能性，这样的黏合机制对有效的资源交换与整合是重要的（Tsai and Ghoshal，1998），特别是当各种机会出现，而可用于部署的组织资源有限时，共同愿景有助于促进整个业务单元的整合，维系一个松散耦合的系统（Eldor，2019；Orton and Weick，1990），因此，共同愿景鼓励集体行为，从而创造有价值的团队效率，以转换不同的观点为拓展活动所需的重点行动。

共同愿景可以激励组织成员发挥探索性与创造性的精神，敢于在追求共同愿景的过程中承担风险、反复实验。此外，共同愿景在促进组织成员进行沟通和信息分享的过程中，激发大家为组织共同的目标进行创造性的学习，有助于将个人学习整合到组织学习中，促进知识要素的创造性重组，从而改进产品和流程，这也必将推进组织创新的进程（Wang and Rafiq，2014）。

传统观念认为，多样性会导致组织的涣散、更多的人际冲突，缺乏战略共识，多样性不利于组织认同的形成和作用的发挥，因此，组织多样性与共同愿景是不可调和的。但 Rink 和 Ellemers（2007）指出，在不需要进行群体间比较时，个性的表达和社会认同的形成在互动的群体中是不矛盾的。一个组织的文化重视差异性和创造性，即发挥组织多样性的价值，对于组织实现创新以及可持续发展是远远不够的，多样化知识还需要围绕组织目标而开发，共同愿景作为组织学习的重要组成部分，可将多样化观点与组织的知识体系相关联，更好地发挥多样性的价值，并实现同组织目标相一致，经过特定的互动和整合，从而形成新知识，更好地为组织创新服务（Wang and Rafiq，2014）。

由此，基于组织学习理论，提出如下假设：

假设 2：二元组织文化对组织创新有正向影响。

假设 2a：多样性对突破性创新有正向影响。

假设 2b：共同愿景对突破性创新有正向影响。

假设 2c：多样性对增量性创新有正向影响。

假设 2d：共同愿景对增量性创新有正向影响。

三、组织韧性的中介作用

通过组织学习进行知识的获取、交流与整合在二元文化与组织创新之间起重要作用。努力提升组织韧性的企业通常会不断学习积累知识，更新现有知识和能力体系，提升知识的利用范围和速度，以增强组织的适应性和竞争力（McManus，2008），特别在动荡环境下，组织韧性对组织创造力具有正向影响（Richtnér and Löfsten，2014）。组织韧性包含的四种资源中（结构资源、认知资源、关系资源和情感资源），认知资源和情感资源都是组织韧性包含的重要因素，Richtner 等分别检验了（2014）组织韧性的四种资源（结构资源、认知资源、关系资源、情感资源）与组织创造力之间的关系，发现组织韧性与组织创造力具有积极的关系。二元组织文化通过组织能力探索与能力拓展（可反映为韧性增强）影响组织新产品创新成果（Wang and Rafiq，2014）。结合前文，组织韧性可以解释二元组织文化在激发组织创新时的作用过程，基于组织学习理论，提出以下假设：

假设 3：组织韧性在二元组织文化与组织创新之间起中介作用。

假设 3a：组织韧性在多样性与突破性创新之间起中介作用。

假设 3b：组织韧性在共同愿景与突破性创新之间起中介作用。

假设 3c：组织韧性在多样性与增量性创新之间起中介作用。

假设 3d：组织韧性在共同愿景与增量性创新之间起中介作用。

四、员工卷入与组织韧性、组织创新

员工卷入是指员工介入管理决策制定和实施，通过与管理层的交互作用，参与和影响管理行为的过程（Smith et al.，2018），参与决策能让员工在工作中行使一定的自主权，根据具体问题做出反应并提出可行的建议，轻松地面对组织变革。

员工卷入可以增加群体之间的交流和互动从而减少群际偏见出现的可能性（Pettigrew and Tropp，2006）。员工卷入程度高的组织可有效获取组织内多样性观点和想法，鼓励员工参与到较高层次的组织决策过程中，提高员工工作积

极性，增加组织中信息流动，有助于为组织决策过程带来有价值的想法，使组织在面对危机时灵活应变，同时促进大量新颖观点的产生和实践（Benson et al.，2006）。员工卷入程度高、目标一致的组织，面对突发事件或者内外部环境的急剧变化，组织总能够在较短的时间内获取充足的资源，解决危机甚至发现新发展机会。由此，提出如下假设：

假设4：员工卷入正向调节二元组织文化与组织韧性之间的关系。

假设4a：员工卷入正向调节多样性与组织韧性之间的关系。

假设4b：员工卷入正向调节共同愿景与组织韧性之间的关系。

在员工卷入程度高的组织中，参与方式越多，多样性和组织创新之间的关系也就越大，特别是在历史上被边缘化的少数群体，能够和主要群体平等地参与到组织活动中来（Yang and Konrad，2011）。高员工卷入的组织，组织共同愿景的实现更有利于在组织共同目标的指引下形成一股合力，增加合作以及知识的交流，有助于提出建设性的解决方案，使组织更加具有创新性。组织文化在一定程度上设定了组织的氛围和基调，能够促进或阻碍员工卷入的形成与发展，而员工卷入程度的高低也会对组织文化的营造产生积极或消极的影响，两者相互影响。所以，二元组织文化在多大程度上得到员工行为上的支持和保证，以提升组织韧性，最终转化为组织创新。由此，结合前文，进一步提出以下假设：

假设5：员工卷入正向调节二元组织文化与组织创新之间的间接效应，即员工卷入越高，二元组织文化通过组织韧性对组织创新产生的间接作用越强。

假设5a：员工卷入正向调节多样性与突破性创新之间的间接效应，即员工卷入越高，多样性文化通过组织韧性对突破性创新产生的间接作用越强。

假设5b：员工卷入正向调节共同愿景与突破性创新之间的间接效应，即员工卷入越高，共同愿景通过组织韧性对突破性创新产生的间接作用越强。

假设5c：员工卷入正向调节多样性与增量性创新之间的间接效应，即员工卷入越高，多样性文化通过组织韧性对增量性创新产生的间接作用越强。

假设5d：员工卷入正向调节共同愿景与增量性创新之间的间接效应，即员工卷入越高，共同愿景通过组织韧性对增量性创新产生的间接作用越强。

第三节　研究方法

一、数据收集与样本

本研究调研了上海、河南、浙江等多个省份，涉及多个行业、企业。采用套问卷形式，以减少数据来源相同而产生的同源偏差，问卷分为组织中高层管理者问卷与员工问卷，中高层管理人员对组织韧性、员工卷入、环境特征等组织层面特征具有整体性认知，其评价更大程度上反映组织的真实状况，二元组织文化与组织创新由员工评价。在确定组织管理人员与员工调查数量时，既考虑调查组织中高层管理人员的困难，又考虑保障研究的有效性，本研究确定调查每个组织中1位以上中高层管理人员和3位以上员工的方案。问卷调查采用纸质版现场调查和电子版电子邮件两种形式。

整个问卷调查时间持续将近一年。本研究对200家企业发放了问卷，回收173家，回收率86.50%，筛选后，获得有效配对数据146家企业。以组织为单位分类整合求均值，形成146套有效匹配数据，其中，含294份中高层管理人员问卷和565份员工问卷，回收问卷有效率为84.39%。

从公司特征上来看，成立年限在1~5年的占总数的5.48%，6~10年占总数的25.34%，10年以上占总数的69.18%；公司规模50人以下占总数的5.48%，50到100人占总数的13.01%，101到500人占总数的13.01%，500人以上占总数的68.49%；在公司所有制上，国有、私营、外资与其他占的比重分别是15.07%、49.31%、31.51%与5.11%；在行业分布上，电子信息行业占总数的26.71%，新医药、材料及能源占24.65%，高新技术服务业及改造传统产业占35.61%，其他行业占13.01%。

二、研究变量

本研究采用问卷调查方式，变量的测量采用李克特五分量表，1~5表示从"非常不符合"到"非常符合"。测量指标均基于国外量表，由掌握中英文的研究人员通过翻译、回译并修正的方式编制。

二元组织文化的测量采用 Wang 和 Rafiq（2014）开发的二维度结构量表，包括组织多样性和共同愿景两个维度，共 7 个题项，Cronbach's α 系数为 0.856。其中，组织多样性 3 个题项，如"重视不同背景的员工所具备的多样化经验和技能"，Cronbach's α 系数为 0.787；共同愿景 4 个题项，如"组织的发展方向清晰地传达给每个员工"，Cronbach's α 系数为 0.884。

组织韧性的测量参考 Richtnér 和 Löfsten（2014）研究，共 14 个题项，如"公司拥有便于行动的、明确的组织结构""公司有专人负责处理不同情境下的问题"。Cronbach's α 系数为 0.936。

员工卷入的测量参考 Yang 和 Konrad（2011）研究，共 7 个题项，如"接受工作轮换或交叉培训（技能建设、激励）""自我管理团队（授权、激励、技能建设）"。Cronbach's α 系数为 0.895。

组织创新的测量参考 Jansen 等（2005）的研究，从突破式创新和渐进式创新两大维度来测量组织创新，共 10 个题项，Cronbach's α 系数为 0.893。突破式创新 5 个题项，如"我们开发新的产品和服务"，Cronbach's α 系数为 0.880；渐进式创新 5 个题项，如"我们经常改进现有产品和服务"，Cronbach's α 系数为 0.845。

本研究的控制变量包括组织企业规模、企业年限、所处行业、企业性质、环境竞争性与环境动态性。其中，组织所有制形式分为国有、私营、外资和其他四种类型，分别采用三个 0~1 型虚拟变量进行控制；行业被划分为电子信息技术行业、新材料及能源行业、高技术服务业及高新技术改造传统产业和其他行业四个类别，采用三个 0~1 型虚拟变量进行控制。而用来刻画市场环境特征的环境动态性和环境竞争性参照 Jansen 等（2006）的量表来测量，环境动态性由 5 个题项组成，环境竞争性由 4 个题项组成。

第四节　分析与结果

一、变量信度与效度分析

本研究采用 Amos 21.0 软件进行验证性因子分析，表 5-1 中数据表明本研究中所有变量的模型拟合指数良好。结构模型变量信度与效度分析的结果显示，多样性、共同愿景、组织韧性、员工卷入、突破性创新、增量性创新的组合信度分别为0.794、0.886、0.936、0.893、0.891、0.834，均高于0.6，表明这6个变量具有高内部一致性，测量模型的内在质量理想。通过收敛效度与区分效度的检验，发现这6个变量的平均方差抽取量分别为0.566、0.662、0.512、0.545、0.621、0.510，均高于0.5，表明量表的收敛效度良好。

表5-1　测量模型的拟合结果

因子结构	χ^2/df	RMSEA	SRMR	GFI	CFI	IFI	NFI	NNFI
环境动态性	1.878	0.078	0.033	0.975	0.982	0.983	0.964	0.965
环境竞争性	1.535	0.061	0.023	0.989	0.994	0.994	0.984	0.982
二元组织文化	1.765	0.073	0.047	0.958	0.980	0.980	0.955	0.967
员工卷入	1.922	0.080	0.037	0.952	0.976	0.976	0.952	0.961
组织韧性	1.519	0.060	0.044	0.904	0.967	0.967	0.910	0.959
组织创新	1.852	0.064	0.055	0.928	0.968	0.968	0.933	0.953

各变量均值、标准差与相关性见表5-2。由表5-2可知，所有变量之间的相关系数小于对角线上AVE的平方根，也表明6个变量之间的区分效度良好。另外，采用Harman单因子测试来进一步检验可能存在的共同方法变异问题。对本研究测量变量的所有项目进行因子分析，发现有14个因子的特征值均大于1，总贡献率为74.037%，其中，第一个因子的方差解释率为9.809%，未发现独大的单因子存在，表明受共同方法变异的影响很小。

二、假设检验

本研究采用Mplus 7.4分析软件进行假设检验。

首先，我们进行阶层回归，由表5-2可知，多样性与组织韧性显著正相关（β=0.413，p<0.01），共同愿景与组织韧性显著正相关（β=0.331，p<0.01），组织韧性与突破性创新显著正相关（β=0.521，p<0.01），组织韧性与增量性创新显著正相关（β=0.486，p<0.01）。这些结果为本研究的假设提供了初步支持。

表5-2　变量的均值、标准差、相关系数

变量	1	2	3	4	5	6	7	8	9	10	11	12	13	14	15	16
1. 组织成立年限	—	—	—	—	—	—	—	—	—	—	—	—	—	—	—	—
2. 员工规模	0.290**	—	—	—	—	—	—	—	—	—	—	—	—	—	—	—
3. 所有制1	0.164*	0.172*	—	—	—	—	—	—	—	—	—	—	—	—	—	—
4. 所有制2	-0.255**	-0.046	-0.415**	—	—	—	—	—	—	—	—	—	—	—	—	—
5. 所有制3	0.144	-0.072	-0.286**	-0.669**	—	—	—	—	—	—	—	—	—	—	—	—
6. 行业1	0.084	-0.057	-0.124	-0.069	0.124	—	—	—	—	—	—	—	—	—	—	—
7. 行业2	0.084	0.121	0.159	-0.056	-0.080	-0.345**	—	—	—	—	—	—	—	—	—	—
8. 行业3	-0.126	-0.112	-0.113	0.039	0.081	-0.449**	-0.425**	—	—	—	—	—	—	—	—	—
9. 环境动态性	-0.079	0.031	-0.038	-0.152	0.128	0.088	-0.169*	0.072	(0.711)	—	—	—	—	—	—	—
10. 环境竞争性	-0.036	0.072	-0.044	-0.124	0.117	0.050	-0.078	0.006	0.740**	(0.720)	—	—	—	—	—	—
11. 多样性	0.001	0.166*	-0.229**	-0.010	0.154	0.101	0.031	0.055	0.208*	0.312**	(0.752)	—	—	—	—	—
12. 共同愿景	-0.116	0.029	-0.172*	-0.059	0.213**	-0.015	0.096	0.011	0.008	0.084	0.463**	(0.814)	—	—	—	—
13. 员工卷入	-0.057	0.023	-0.119	-0.056	0.203*	-0.105	0.085	0.068	0.213**	0.151	0.376**	0.313**	(0.738)	—	—	—
14. 组织韧性	0.032	0.168*	0.009	0.002	-0.110	-0.092	0.152	0.071	0.062	0.084	0.413**	0.331**	0.211*	(0.716)	—	—
15. 突破性创新	0.024	0.172*	-0.070	-0.032	0.029	-0.066	0.083	0.099	-0.023	0.162	0.502**	0.525**	0.117	0.521**	(0.788)	—
16. 增量性创新	0.011	0.106	-0.086	-0.084	0.101	0.037	0.089	-0.060	0.151	0.244**	0.410**	0.441**	0.252**	0.486**	0.593**	(0.714)
均值	2.637	3.445	0.151	0.493	0.315	0.267	0.247	0.356	3.89	3.964	3.84	3.826	3.705	4.014	4.033	3.832
标准差	0.586	0.917	0.359	0.502	0.466	0.444	0.433	0.481	0.467	0.449	0.432	0.484	0.55	0.45	0.399	0.454

注：**表示小于0.01显著性水平（双尾），*表示小于0.05显著性水平（双尾）；对角线括号内为AVE的平方根。

如表 5-3 所示，模型 1 中，多样性（β = 0.318，p<0.01）与共同愿景（β = 0.220，p<0.01）均正向影响组织韧性，假设 2 得到支持。由表 5-4 可知，模型 1 中，二元组织文化二维度多样性（β = 0.260，p<0.01）与共同愿景（β = 0.331，p<0.01）均正向影响突破性创新，二元组织文化二维度多样性（β = 0.209，p<0.05）与共同愿景（β = 0.323，p<0.01）均正向影响增量性创新；由此，假设 1 得到支持。

表 5-3　回归分析结果

变量	组织韧性		
	模型 1	模型 2	模型 3
组织成立年限	0.042	0.043	0.009
组织规模	0.040	0.042	0.056
所有制 1	-0.401**	-0.426**	-0.458**
所有制 2	-0.482**	-0.511**	-0.577**
所有制 3	-0.641**	-0.678**	-0.723**
行业 1	0.021	0.036	0.077
行业 2	0.165	0.162	0.216
行业 3	0.167	0.172	0.238
环境动态性	0.047	0.022	-0.013
环境竞争性	-0.064	-0.050	-0.019
多样性	0.318**	0.289**	0.324**
共同愿景	0.220**	0.208**	0.244**
员工卷入	—	0.073	0.058
多样性×员工卷入	—	—	0.491**
共同愿景×员工卷入	—	—	-0.094
R^2	0.322	0.328	0.372
ΔR^2	—	0.006	0.044*
F value	5.264**	4.956**	5.134**

注：**表示 p<0.01，*表示 p<0.05。

为检验假设 3 提出的中介效应，在表 5-4 模型 1 的基础上，将组织韧性纳入回归方程（模型 2），组织韧性促进突破性创新（β = 0.248，p<0.01），而

多样性（$\beta = 0.181$，$p<0.05$）与共同愿景（$\beta = 0.277$，$p<0.01$）对突破性创新的正向影响显著，但程度减弱，说明组织韧性部分中介对多样性、共同愿景与突破性创新之间的关系，所以假设 3a 与假设 3b 得到部分支持。在表 5-4 模型 4 的基础上，将组织韧性纳入回归方程（模型 5），组织韧性促进增量性创新（$\beta = 0.365$，$p<0.01$），而多样性（$\beta = 0.093$，$p>0.05$）对增量性创新的正向影响不再显著，说明组织韧性中介多样性与增量性创新之间的关系，假设 3c 得到支持；共同愿景（$\beta = 0.242$，$p<0.01$）对增量性创新的正向影响显著，但程度减弱，说明组织韧性部分中介共同愿景与突破性创新之间的关系，假设 3d 得到部分支持。

表 5-4 回归分析结果

变量	突破性创新			增量性创新		
	模型 1	模型 2	模型 3	模型 4	模型 5	模型 6
组织成立年限	0.030	0.020	−0.005	0.026	0.011	−0.014
组织规模	0.042	0.033	0.043	0.017	0.002	0.026
所有制 1	−0.258	−0.158	−0.166	−0.238	−0.092	−0.146
所有制 2	−0.308	−0.189	−0.225	−0.255	−0.075	−0.198
所有制 3	−0.366	−0.207	−0.224	−0.249	−0.015	−0.155
行业 1	0.012	0.007	0.020	−0.018	−0.026	0.012
行业 2	0.044	0.003	0.052	0.016	−0.044	−0.007
行业 3	0.136	0.095	0.146*	−0.055	−0.117	−0.019
环境动态性	−0.233*	−0.245*	−0.232*	−0.009	−0.027	0.019
环境竞争性	0.205*	0.221*	0.219*	0.149	0.173	0.137
多样性	0.260**	0.181*	0.256**	0.209*	0.093	0.180
共同愿景	0.331**	0.277**	0.330**	0.323**	0.242**	0.349**
员工卷入	—	—	−0.094*	—	—	0.017
多样性×员工卷入	—	—	0.349**	—	—	0.298
共同愿景×员工卷入	—	—	−0.030	—	—	0.390**
组织韧性	—	0.248**	0.209**	—	0.365**	0.286**
R^2	0.449	0.502	0.542	0.290	0.379	0.481
ΔR^2	—	0.053**	0.040*	—	0.089**	0.102**
F value	9.032**	10.235**	9.541**	4.527**	6.197**	7.472**

注：** 表示 $p<0.01$，* 表示 $p<0.05$。

员工卷入调节作用的验证，如图5-2所示，员工卷入与多样性交互项系数显著（β=0.491，p<0.01），表明员工卷入促进了多样性对组织韧性的正向影响，假设4a得到支持，调节效应如图5-1所示。员工卷入和共同愿景交互项系数不显著（β=-0.094，p>0.05），假设4b未得到支持。

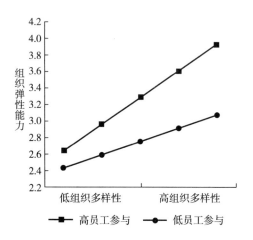

图5-1　员工卷入的调节作用

其次，为进一步佐证上述检验，本研究通过 Mplus 7.4 软件分析同时考虑中介和调节作用的全模型，共3个模型，如表5-3模型3、表5-4模型3与模型6所示，得出的全模型路径系数如图5-2所示。

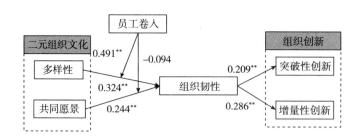

图5-2　全模型路径系数

注：＊＊表示 p<0.01，＊表示 p<0.05。

为进一步检验中介效应，通过 Mplus 7.4 分析软件采用基于样本的 Boot-straping 方法（Preacher et al.，2007）来检验二元组织文化通过组织韧性影响组织创新的间接效应。结果显示，多样性（indirect effect = 0.068，95% CI = ［0.024，0.137］）、共同愿景（indirect effect = 0.051，95% CI = ［0.022，0.091］）通过组织韧性影响突破性创新的间接效应是正向显著的；多样性（indirect effect = 0.093，95% CI = ［0.035，0.187］）、共同愿景（indirect effect = 0.070，95% CI = ［0.031，0.133］）通过组织韧性影响增量性创新的间接效应是正向显著的。

为验证假设 5，本研究通过 Mplus 7.4 分析软件采用基于样本的 Bootstrapping 方法来检验被调节的中介作用（Liu et al.，2012）。如表 5-5 所示，①当员工卷入高时，多样性通过组织韧性影响突破性创新的间接效应是正向显著的（indirect effect = 0.124，95%CI = ［0.057，0.235］）；当员工卷入低时，多样性通过组织韧性影响突破性创新的间接效应是正向的，但不显著（indirect effect = 0.011，95%CI = ［-0.034，0.064］）；员工卷入高与低对比，存在显著差异（difference = 0.113，95%CI = ［0.047，0.223］）。表明员工卷入越高，多样性文化通过组织韧性对突破性创新产生的间接作用越强，由此，假设 5a 得到支持。②当员工卷入高时，多样性通过组织韧性影响增量性创新的间接效应是正向显著的（indirect effect = 0.170，95%CI = ［0.074，0.306］）；当员工卷入低时，多样性通过组织韧性影响增量性创新的间接效应是正向的，但不显著（indirect effect = 0.016，95%CI = ［-0.049，0.086］）；员工卷入高组与低组对比，存在显著差异（difference = 0.154，95%CI = ［0.057，0.305］）。表明员工卷入越高，多样性文化通过组织韧性对增量性创新产生的间接作用越强，由此，假设 5c 得到支持。③当员工卷入高组与低组对比时，共同愿景通过组织韧性影响突破性创新的间接效应的差异不显著（difference = -0.022，95%CI = ［-0.091，0.029］），假设 5b 未得到支持。④当员工卷入高组与低组对比时，共同愿景通过组织韧性影响增量性创新的间接效应的差异不显著（difference = -0.030，95%CI = ［-0.130，0.039］），假设 5d 未得到支持。

表5-5 员工卷入对二元组织文化与组织韧性、组织创新关系的间接效应

自变量	因变量	中介变量	调节变量	间接效应	
二元组织文化	组织创新	组织韧性	员工卷入	Estimate	95%CI
多样性	突破性创新		High（+1SD）	0.124*	[0.057, 0.235]
			Low（-1SD）	0.011	[-0.034, 0.064]
			Difference（High-Low）	0.113*	[0.047, 0.223]
共同愿景	突破性创新		High（+1SD）	0.040	[0.004, 0.094]
			Low（-1SD）	0.062*	[0.025, 0.122]
			Difference（High-Low）	-0.022	[-0.091, 0.029]
多样性	增量性创新		High（+1SD）	0.170*	[0.074, 0.306]
			Low（-1SD）	0.016	[-0.049, 0.086]
			Difference（High-Low）	0.154*	[0.057, 0.305]
共同愿景	增量性创新		High（+1SD）	0.055	[0.007, 0.132]
			Low（-1SD）	0.085*	[0.034, 0.180]
			Difference（High-Low）	-0.030	[-0.130, 0.039]

注：**表示p<0.01，*表示p<0.05。

第五节　结论与管理启示

一、结论

本研究基于组织学习理论，构建一个被调节的中介模型，探索组织韧性对二元组织文化与组织创新的中介作用，以及员工卷入在其中发挥怎样的影响，拓展了现有组织文化与组织创新的理论研究。本研究贡献主要体现在以下三方面：

首先，二元组织文化对组织韧性、组织创新具有显著正向影响。现有文献大多研究聚焦多样性或共同愿景对组织韧性、组织创新的影响，Jetten 等（2002）认为，互动群体中存在"多样性价值"现象，个性表达和社会认同的形成是可调和的，在企业中特别是中国企业二元组织文化现象普遍存在，二元

组织文化概念将多样性与共同愿景这一对既对立又兼顾的内容设计在同一概念框架下，探讨其对组织韧性及组织创新的作用机理，拓展深化了组织文化与组织创新的理论研究。

其次，组织韧性部分中介二元组织文化与组织创新之间的关系。这一结论与已有相关研究结果部分一致。例如，Wang 和 Rafiq（2014）研究发现，体现探索或拓展能力的情境二元中介二元组织文化与新产品创新之间关系，在该研究中，二元组织文化作为高阶因子整体概念影响探索或拓展能力，继而影响新产品创新。本研究则从二元组织文化的两个维度多样性与共同愿景出发，以期更准确地揭示二元组织文化对组织创新的作用机理，并突出了组织韧性在其过程中发挥的关键作用。表明组织文化不仅重视多样性，鼓励成员相互学习，接受不同意见，获得新知识，更容易提出新的或不同的想法和思路，还需要围绕共享愿景对共同目标的理解和领会、信任与合作，减少冲突，降低错误成本，整合现有知识与能力体系，使得组织韧性得到增强，在遇到新问题和新挑战时，解决当前困境的同时建立一个成功的未来，进而促进组织创新。

最后，员工卷入不仅正向调节组织多样性对组织韧性的作用，而且正向调节多样性对突破性创新及增量性创新影响的间接效应，即员工卷入程度越高，多样性文化通过组织韧性对突破性创新及增量性创新产生的间接作用越强。但是，员工卷入调节共同愿景对组织韧性的作用未得到支持，而且员工卷入调节共同愿景与组织创新之间的间接效应也未得到支持。虽然我们推测员工卷入程度高的组织同在高共同愿景的条件下，是更具创新性的，因为高程度的员工卷入和共同目标，有利于员工工作自主性、积极性与目标性的提高，增加组织中的信息流动，在组织决策过程中，带来有价值的想法，使组织在面对危机时灵活应变，同时促进创新（Benson et al.，2006）。从研究结果上看，这种理论化似乎并不完整，可能需要组织资源的进一步支撑或互动，如组织的无形资本等。

二、管理启示

在复杂多变的全球竞争环境中及我国大力倡导自主创新能力建设的当下，组织韧性与创新能力的提升起着关键作用。因此，如何有效管理组织及营造适合的组织文化以提升组织韧性与创新，是管理者面临的重要且具有挑战性的问题。本研究结果具有以下几个方面的管理启示：

首先，企业管理者应重视组织文化的培育，营造相适应的二元文化，提高组织韧性，激发组织创新。一方面，培育鼓励学习、倡导互动和以创造性方式适应环境挑战的多样性文化；另一方面，不能忽略共同愿景的重要性，培育协调一致、相互合作和朝着满足组织共同目标持续努力的一致性文化。注意把握好多样性文化和共同愿景的适度平衡，发挥多样性带来的新观点和新思路，并围绕共同目标，有效发挥组织文化与资源的最大效力，提升组织韧性与创新能力。

其次，重视组织韧性，发挥其对二元组织文化与组织创新共享的中介作用。组织韧性不仅要能够对外部市场不确定的突发事件或需求做出快速响应，还应当具有主动构建组织的能力，如企业的战略定力、高效的执行力、自主创新能力、集成产品开发管理能力、加强供应链管理能力及商品服务的销售渠道管理能力，在紧急情况出现时提供可替代方案，不会阻碍企业的前进道路。组织创新活动所面对的是一个动态而复杂的环境，借助文化的力量，鼓励多样性文化，同时在共同愿景的指引下形成合力，不断鼓励成员根据新环境、新要求探索新知识和新技术，并对过去及现在的工作进行反思和改进，面对外部环境突发危机时能够快速响应并解决，而且，从组织内部主动开发新能力、创造新机会，从组织内外两个视角，提升组织韧性，并在组织创新过程中，有效发挥组织韧性对二元组织文化积极效应的协同传导作用。

最后，企业管理者还需重视在工作中促进组织韧性，进而提升组织创新的员工卷入。管理者通过工作设计、绩效与薪酬体系的优化与提升，增强员工内在动机，鼓励员工表现自身能力，设立合理的创造性绩效目标，制定相应的激励制度，并鼓励员工卷入决策过程。使得员工有一个共同目标，同时在一定程度上赞赏他们多样性产生的个体差异，激发组织韧性的改善，进而不断提升组织创新和竞争优势。

第六节　局限性及展望

本研究存在一些不足之处，有待在未来研究中进一步改进。首先，本研究采用横截面数据，研究结果可能无法反映变量间的动态因果关系，横向研究也很难回答这样的问题：对二元组织文化、员工卷入的感知是否会随着时间的推移而发生变化。其次，本研究虽然采用套问卷调查方式，一定程度上减少了同源方法偏差，但每个企业调查的主管和员工数较少，以后的研究应适当增加主管与员工的调查数量，在最大程度上避免调查对象的认知偏差。最后，本研究考虑了二元组织文化与组织创新关系的边界条件，但是共同愿景维度对组织创新的间接影响是通过何种情境因素作用的，有待后续研究进一步挖掘。

第四篇

组织战略、领导力、资本等与
组织创新的关系研究

第六章　不确定环境下危机领导力对组织结果的影响研究

21 世纪以来，国内外危机事件频频发生，这一系列事件的发生都在警示着我们，危机事件应当引起足够的重视。然而，领导力水平的高低决定一个组织能否顺利度过危机或者转"危"为"机"。同时，危机领导的复杂性源于危机事件的多种不确定性，Boin 和 Hart（2003）的研究表明，近年来危机事件的范围、复杂性和政治重要性的提升增加了决策者的风险，危机的应对变得比以往更加困难。在危机中，领导不力的后果代价既高昂又致命（Mitroff，2004）。在当下的社会环境中，对"危机领导力"这一概念进行界定并对其影响进行研究，可为组织进行更有效的危机领导提供建议，具有一定的实践意义。与此同时，学术界对于"危机领导力"的界定更是各持己见。并且值得关注的是，国内有关危机领导力的研究较少，因此，对其进行梳理总结对未来的研究也具有一定理论意义。

最早有关危机应对的概念"危机管理"理论创始于 20 世纪 60 年代，70 年代中期，西方企业的"危机管理"开始显现，但起初并不具备完善的管理制度和方法。80 年代后，许多跨国公司开始推行"危机管理"，管理学界指出其不同于以往的企业管理，应当采取新的应对措施，在理论上也对"危机管理"这一概念做了大量的探讨。可以看出，人们开始意识到随着企业经营的全球化，"危机管理"将变成必然要面对的一大难题。直至 20 世纪 80 年代后期，美国企业危机管理体制的确立标志着"危机管理"开始逐渐走向成熟。21 世纪后，学术界开始更加关注"危机领导力"这一主题，在此之前大部分研究都集中在危机管理方面，而危机领导力是危机管理的核心所在，具有决定性作用。而这里的领导力可以看作是领导者与下属之间的合力，它不仅取决于领导者本身所施加影响力的大小，也受到下属认可度的影响。

由此看来，国外学术界对于危机事件的研究开始较早，主要包括危机领导力的概念界定，公共危机领导力及其特征，领导者的个人特征、不同行业或情境对危机领导力的影响，特定危机事件下最佳领导者的选择，以及危机领导力产生的一系列后续效应等。国内对于"危机领导力"的研究在进入21世纪后逐渐丰富起来，目前主要集中在危机领导力的定义、构成以及提升危机领导力的措施等方面。

第一节　危机领导力概念

众多国内外知名学者均界定了"危机领导力"的内涵，其中被学术界普遍接受的有以下几种：Tim Johnson（2017）在其《危机领导力》一书中指出，首先，危机是一种或一系列特定的、意想不到的、非常规的事件，它们会产生高度不确定性，威胁到组织。接着指出，有效的危机领导需要领导者有适当的资源来依靠和熟练的同事来配合。《重塑危机管理》一书将危机领导力定义为：对于威胁组织生存能力的低概率、高影响的事件，能够克服其原因、结果和解决方法的不确定性，从而迅速做出决策的能力（Pearson and Clair，1998）。Tim Johnson提出，"危机领导力"的定义是领导者在危机的极端压力下仍然表现出与以往相同的领导力，即不确定性、高水平的情绪、快速决策的需要，以及有时无法忍受的外部审查等。

Luther等（2000）认为，有效的危机领导指的是领导者在危机中具有一定弹性，这里的弹性是指一个人在面对不确定性或威胁时表现出坚强、足智多谋和灵活的一种特殊特征。在组织研究中，弹性的特征是适应性。Boin和Hart（2003）表示，危机和领导是紧密交织在一起的。人们将危机视为威胁和不确定的事件，一种需要紧急行动的严重困境。领导者在困境中有所作为，能够起到帮助减轻压力、恢复常态的作用，这样才是"真正的领导人"。除此之外，James和Wooten（2005）指出，有效的危机领导指的是领导者能够做出一系列旨在积极影响多个利益相关者的行为，并表示危机管理活动在本质上是被动的，而危机领导的态度更为积极主动。

国内学者也给出了危机领导力的定义。刘崇瑞（2010）指出，危机领导力指企业领导者对危机事件能准确预见，通过对危机事件全面深入的识别和了解提高企业的危机反应能力，从而促进企业尽快恢复；通过对危机事件的反思提高企业的危机学习能力，最终使企业对危机有更强的免疫力。刘兰芬（2009）表示，公共危机管理中的领导力是指由各级政府组织领导，以一定的体制和机制作为依托，在非政府组织、企业及民众的广泛参与下，对公共危机的预防、预警、应急决策、善后处置过程所体现出来的领导者和被领导者以及相应的组织机制之中的合力。

一、危机领导力的特征

Boin 和 Hart（2003）认为，危机领导力具备以下特征：①第一时间关注公众安全；②制订好最坏打算的方案；③提前感知到危机的信号并做出相应的预防措施；④在危机处理过程中，运筹帷幄，把握方向；⑤重视危机过程中与下属的情感沟通，表现出同情与关心；⑥危机后进行总结与学习。同样地，James 和 Wooten（2005）总结了危机领导力的六方面胜任特征：①建立信任是基础；②打造全新的组织形象；③清晰地看到组织的薄弱面；④高效且明智的决策；⑤勇于尝试，付诸行动；⑥危机过后的改进。

二、危机领导力的构成

刘崇瑞（2010）提出，危机领导力模型是对领导者应对危机事件的进一步认识和具体应用，包括五个要素：①危机预见，指在危机事件发生前对危机进行预防和预测；②危机识别，指在危机爆发后立刻对危机事件进行调查，了解危机事件的诱因和性质；③危机反应，包括危机控制和危机解决，指的是在危机识别后实施一系列解决措施和方案；④危机恢复，指在危机受到有效控制而趋于稳定后，评估企业损失并加快企业恢复，使企业尽快进入正常状态；⑤危机学习，指通过对整个危机事件管理过程的评价，分析危机管理工作中存在的问题并总结经验的过程。

第二节　危机领导力对组织结果的影响

一、组织绩效

在组织中，领导者的危机领导力关乎组织的命运，对组织绩效具有较大影响。Waldman 等（2001）发现，在危机等高度不确定的时期，若领导者更具魅力（传达决心，提供使命和愿景，同时表达高绩效期望），即具有较高水平的危机领导力，那么，其行为可以预测组织绩效。在危机事件中，领导者的自我牺牲同样也是展现领导力的一种方式。Halverson 等（2004）研究结果发现，在危机期间，团队成员对领导者自我牺牲行为的评价是正面的，但在缺乏不确定性的情况下则是负面的。正面的评价促使下属更加信服和听从领导者的工作安排，对危机应对充满信心，并将一定程度上与组织绩效的提升相关。

同样地，Quigley 和 Hambrick（2015）表明，在实际应对危机的过程中，领导者的主导地位不容撼动，领导者依靠自身特质和行为塑造出危机领导力，带领组织繁荣发展，对组织绩效产生越来越大的影响，并且逐渐成为企业的标志。但同时伴随着如果为组织创造高绩效领导人的离开，公司发展会陷入困顿甚至一蹶不振（Giambatista et al.，2005）。除此之外，领导者诱发的认知框架以及产生的一系列情绪，可能会对危机应对和组织绩效产生重大影响（James et al.，2011）。

二、凝聚力

基于实践研究，可以发现有效的危机领导对团体凝聚力具有积极影响。Sascha 等（2020）研究了 COVID-19 对西欧五个国家 27 家家族企业的经济影响，发现家族企业的领导者在应对这一危机时能够迅速做出决策，并一定程度上增加了企业内部的团结和凝聚力。该研究指出，家族企业的所有权绝大多数掌握在家族内部，因此可能会出现牺牲短期利益而追求长期利益的行为，但其所有权的优势并非绝对。Archibugi 等（2013）研究表明，外部的巨大冲击可能引发组织的适应和创新行为。除此之外，Faulkner（2001）指出，危机事件有助于领导者做出刺激公司进行创新和确定新市场等决策。以往研究表明，环境变化是商业模式创新的决定性因素之一（Clauss et al.，2019），而危机情境便可看作是经济政治环境的大变局。该研究也指出，无论是对于企业的短期还是长期生存，都需要找到创造性的方法来利用其核心竞争力，甚至延伸其既定商业模式的边界，如在此次疫情下应去生产口罩而不是服装。

在新冠肺炎疫情这一危机背景下，不仅我国政府展现出了高水平的危机领导力，当机立断并做出明智的决策，而且许多优秀的公众人物和专家也在为我们引领方向，同样展现出了优秀的危机领导力，其中以钟南山、张文宏和耿爽等为代表。钟南山院士和张文宏医生作为人民"抗疫"的主心骨，耿爽作为伸张正义和展现大国风范的外交官，是他们让民众感受到力量和方向，唤起了民众的信心。由此可以看出，有效的危机领导对于公众凝聚力具有较大的积极影响，也正是有了他们的存在，才使得我国人民齐心协力、众志成城，团结起来共同抗疫。

三、组织变革

除此之外，危机领导力会在一定程度上引发组织变革。Boin 和 Hart（2003）认为，有效的危机领导有可能会促进变革，原因在于公共危机事件为改革提供了关键机会。一旦发生危机，人们就会认为现状是有问题的，从而更容易获得改革的动力。但由于危机领导的要求与有效改革的要求不一致，危机过后的改革机会比人们通常认为的要小。Zachary 等（2010）指出，当组织因面临严重的财务压力而采取有效的危机领导后，组织变革的频率明显上升。换言之，负债增加比财务状况良好的组织更需要采取一系列的危机措施，这也可能更加支持组织变革。

同样地，国内学者薛澜和张强（2003）表示，在现实社会中，有效的危机领导促使组织进行有利变革，并认为危机事件往往是组织变革的主要促进因素之一。研究指出，SARS 事件是中国公共治理结构重建和中国现代危机管理体系建设的重要契机。同时，对于一个理性的有活力的政府而言，有效的危机领导是公共政策改进和完善的外部动力。事实上这一结论在此次疫情危机中也得到了体现，正确的危机领导行为不仅使我国的危机治理体系更加完善，而且促进了大规模行业的转型与改革。

第三节　提升危机领导力的建议

　　贸易摩擦背景下，华为、中兴、字节跳动等企业经历了重重风波，新冠肺炎疫情背景下，对企业也提出了诸多挑战，因此，如何在不确定环境中度过危机并保持顽强的生命力，如何提高企业的危机领导力，急迫而富有挑战。本研究给出提升危机领导力的建议：①领导者战略洞察力和前瞻性的重要性。需提前布局并构筑强有力的组织能力（组织韧性能力、自主创新能力等），以更好应对突发事件带来的危机。②预先规划危机的紧急应对方案。领导者应清楚认识危机领导过程，包含危机识别、制定危机应对策略、危机处理、危机事后反思等，并强化危机意识与识别能力，预先规划好危机的紧急应对方案。危机管理中，提高危机事件响应的敏捷性，及时响应、分析决策并处理。③将危机意识融入到企业文化，不断提升企业自身的危机领导力，同时注重与下属的交流沟通，确保拥有一支高效的团队，将危机意识潜移默化地融入到企业文化中，以便在危机发生时做到通力合作，提供决策保障。④在当今全球不确定环境下，企业国际化运营过程中，提升领导者的商业敏锐力和国际政治敏感度，尤其在企业国际化的过程中不仅面临商业问题，还有地缘政治问题。⑤尊重领域专家的知识并听取建议。在危机治理过程中，优秀的领导者会邀请领域专家，并充分参考、听取专家的意见，术业有专攻，相信知识的力量，带领员工做出正确的决策，转危为安。⑥在危机事件过后，重视总结和反思经验教训的工作，以便为将来的危机应对提供指导。在此基础上，巩固组织的危机治理能力，完善治理机制。

第七章　组织中无形资本对组织创新能力的影响：以组织二元学习为中介

第一节　研究目的

哪些组织文化对组织创新是适合的、有益的？本研究将探索组织二元学习在无形资本与创新能力之间的关系的作用机制。

在当今动态而复杂的竞争环境中，组织中的无形资本与组织学习对组织创新及可持续发展起着更为重要的作用。人力资本与社会资本作为组织中的两大无形资本，与组织创新密切相关。组织创新是一个技术过程，是知识获得和创造的过程，这与人力资本密切相关；同时，创新也是一个社会过程，创新都是在一个特定社会结构和环境中产生，这又与社会资本密切相关。

组织二元学习（Ambidextrous Learning）能使组织在有效满足当前竞争需求的同时又能适应未来环境的变化，也是提升组织创新能力并获得成功的重要保障。组织二元学习包括探索性学习（Exploration Learning）与拓展性学习（Exploitation Learning）两个方面。探索与拓展之间保持适当的平衡是一个系统地生存与繁荣的主要因素，拓展性学习挖掘利用现有知识与技术，改进现有产品与服务，相对低风险，保证企业的正常运营与生存，探索性学习尝试进入完全新领域学习新知识，不断创新，开发新产品与新服务，承担高风险，但有助于企业可持续发展。

人力资本，即知识、技能以及个人能力，是组织学习的首要基础，并影响组织学习新知识的能力。社会资本或知识嵌入在员工间的关系网络，为组织提供了一个知识交换与整合的渠道，组织学习会通过共享的见解、知识与心智模型而产生，通过社会网络共享与整合不同的知识，组织获得更大收益。

目前，较少有文献对人力资本与社会资本对组织创新的作用进行研究，尚未有学者将人力资本、社会资本与组织二元学习及创新能力相整合进行研究。本研究以组织二元学习为中介，研究人力资本、社会资本如何通过二元学习影响组织创新能力，进而揭示人力资本与社会资本通过组织二元学习提升组织创新能力的影响机理及重要作用。

第二节　理论与假设

一、组织人力资本、社会资本与二元学习

人力资本概念最早由 20 世纪 60 年代美国经济学家 Schultz（1961）明确提出，指由投资形成的个体拥有的知识、技能和能力。Becker（1964）发展了人力资本理论，对人力资本的研究从微观经济学扩大到人的行为的广泛范畴。他的研究指出，教育增加个体的信息、知识、技能的存量，经验既包括工作经验，也包括在职的实践性学习及培训等非正式教育，拥有更多或更高质量的人力资本则会获得更大的想要的收益。本研究中组织人力资本是指在一个组织中工作的人员的所有技能和能力。

组织二元学习中，探索性学习是指可用"探索、变化、承担风险、试验、尝试、应变、发现、创新"等术语描述的学习行为，探索的本质是试验新的替代品，其回报是不确定的、遥远的，而且有时是负面的；拓展性学习是指可用"精练、筛选、生产、效率、选择、实施、执行"等术语描述的学习行为，拓展的本质是精练和拓展现有能力、技术和模式，其回报是积极的、直接的和可预测的。

人力资本是组织学习的基础，组织学习必然包括个体学习，个体学习是组

织学习的必要条件。组织拥有通用型和专用型人力资本，专用型人力资本通常是指在特定知识领域具有更深入的、局域的、嵌入式的知识，往往能够更有效地在特定的领域学习和吸收新的深层次的知识。而通用型人力资本往往是指多个情境下都可使用的多技能的可通用的知识，更广泛地定位于多个知识领域。决策中，通用能力往往产生更多元化的思维模式和低认知冲突，能对问题和情况作出不同的解释，因此，通用型人力资本不仅可立即提供不同的知识应对替代的任务，而且对未来发现、理解、合并与应用新知识具有潜在的适应能力。

由此，提出以下假设：

假设1：组织人力资本对探索性与拓展性学习均具有显著的正向影响。

社会资本概念起源于社群研究，用以强调社群中的人际关系网络是一种有助于个人在社群中发展的关系性资源。随后，Brown（1997）将社会资本归为三个层次：微观社会资本、中观社会资本、宏观社会资本。Nahapiet等（1998）进一步提出社会资本的三维结构：结构、关系、认知，这三个维度只是在分析时相对区分，实际上三个维度的许多特征高度关联。本研究中组织社会资本主要指依存于一个社会单元中，并可获得的实际的和潜在的资源总和。

结构资本是指整个网络的配置或个人之间的连带模式；强连带被认为相对弱连带更有利于主体间分享精细化和深层次的知识，原因在于高频率社会互动与合作为主体提供了更多认识和接触独有知识的机会，从而促进拓展性学习。Atuahene-Gima（2007）等认为，高管团队行业内的管理连带有利于拓展性学习，而行业外的管理连带有助于探索性学习。分权的、具有高密度的社会关系的组织单元能同步追求探索性和拓展性活动的二元型运作。

关系资本涉及人与人之间交换的关系方面，如信任、动机、期望和规范。一个观点是，信任是关系资本的核心要素，反映了关系的质量，信任可增加员工之间的交互与亲密关系，有助于有效的资源交换与再整合，在此过程中，信任可确保更深入的整合与思考，有利于拓展性学习。另一个观点是，关系中的信任提高了人们提出新选择的意愿，降低了被批判的压力，这有利于获取与共享新信息。因此，关系资本的优点是提供一种心理安全的环境，使人们不怕犯错误，敢于提出批评与接受批评，有助于探索性学习。

认知资本突出意义共享系统的重要性及个体间的了解，如共同语言、共同愿景、文化和目标等。企业文化是共享的价值观体系，影响员工行为方式的相互理解，影响人们的洞察力，因而能够降低知识的因果模糊性，促进网络成员对知识的学习及获取，推动知识积累和创造。共同愿景是组织凝聚员工向心力、激发员工组织忠诚的重要因素，可以为组织带来更多的合作与学习行为。

由此，提出如下假设：

假设 2a：结构资本对探索性及拓展性学习均具有显著的正向影响。

假设 2b：关系资本对探索性及拓展性学习均具有显著的正向影响。

假设 2c：认知资本对探索性及拓展性学习均具有显著的正向影响。

二、组织二元学习与创新能力

组织创新能力分为两类，增量性创新能力（Incremental Innovative Capability）指改进和加强现有产品和服务的创新能力，突破性创新能力（Radical Innovative Capability）指显著变革现有产品/服务或者开发新产品/服务的创新能力。两者的根本区别在于应用组织知识的不同，增量性创新是"改善和利用现有的技术轨道"，而突破性创新则是"破坏现有的技术轨迹"，同样，Abernathy 等（1985）指出，增量性创新"巩固和发挥现有知识的应用性"，而突破性创新则"颠覆了现有知识基础的价值"。因此，增量性创新能力增强现有知识，相应地创新利用与改进现有知识。而突破性创新能力借鉴变革现有知识，相应地创新和淘汰现有技术，并使旧知识转变为显著的新知识。

探索性学习使企业获取新知识，提升组织创新能力，促进新产品开发。通过对产品新功能的设计提供新见解，探索性学习确保新产品区别于竞争对手的产品，并被客户接受。虽然探索活动有潜在风险，但探索性学习增强了积累自身知识技能的能力，进而提高新产品绩效。拓展性学习充分利用现有技术与产品市场领域的相关资源，并通过构建和复制公司先前的技术与产品、市场知识与经验，使企业改善新产品开发效率，提供一种相对低风险的方式来扩展业务。因此，在新产品开发中，拓展性学习减少和避免了问题解决中出现的错误，再次整合现有知识，可能出现新的见解，从而有利于新产品开发流程。持续的技术创新过程必然是通过探索性与拓展性学习，两者的共同演化和相互促进形成增量性和基础性创新能力发展的螺旋式上升路径。

由此，提出如下假设：

假设 3：探索性与拓展性学习对突破性及增量性创新能力具有显著的正向

影响。

三、组织二元学习的中介作用

在人力资本与创新或创新能力的关系研究中，学者普遍认为两者正相关。Marvel 等（2007）通过研究科技创业者的人力资本对突破性创新的影响，发现创业者的相关工作经验和正规教育均对突破性创新有积极的显著影响。人力资本可以提高现有知识的转化，从而影响组织突破性创新能力。人力资本的特点是创造性的、聪明的技能型员工极富专业知识，是新思想和知识的主要来源，正是这些聪明的具有技能的员工最有可能质疑组织中现有的规范，因此，人力资本是至关重要的，使组织接触及跨越技术边界，提高其吸收和部署知识领域的能力。

社会资本对组织创新具有显著影响。网络链接为相互学习和创新提供了合意的条件，大量积累的社会资本形成组织间高度信任的网络关系，极大促进组织间的相互学习，提高创新能力。项目团队成员间一起分享、扩大、批评、过滤各种想法，这种互动行为会激励个人产生创新性想法。信任是社会资本的核心，企业积累的大量社会资本有助于形成部门、团队、员工之间高度信任的网络关系，有力地促进组织学习，提升创新能力。

以上论述表明，人力资本与社会资本对组织创新能力均有积极影响。而人力资本与社会资本为组织学习提供了能力基础与知识获取和交换的平台，组织学习是获取、共享及整合组织内外知识的一个过程，通过探索性与拓展性学习，吸收新知识创造性地开发新产品与服务，挖掘现有知识，改善现有产品与服务，进而影响组织创新能力。

由此，提出以下假设：

假设 4a：探索性与拓展性学习对人力资本与突破性创新能力之间的关系起到中介作用。

假设 4b：探索性与拓展性学习对人力资本与增量性创新能力之间的关系起到中介作用。

假设 5a：探索性与拓展性学习对社会资本与突破性创新能力之间的关系起到中介作用。

假设 5b：探索性与拓展性学习对社会资本与增量性创新能力之间的关系

起到中介作用。

本研究提出组织二元学习中介模型，如图7-1所示。

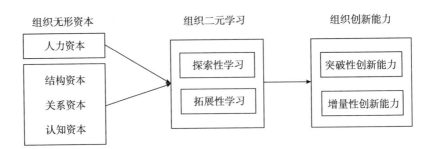

图7-1　组织二元学习中介模型

第三节　研究方法

一、数据收集与样本描述

本研究采用问卷调查方法收集数据。问卷发向的对象包括总经理、人力资源总监或主要部门经理，行业包括上海、浙江、江苏及广东的高新技术行业、制造业、服务业等。共收集问卷255份，剔除无效问卷，有效问卷223份，代表223家企业。有效样本中，中外合资企业占34.08%，外国独资企业占20.63%，国有企业占25.11%，民营企业占14.35%，其他企业占5.83%。样本行业分布较广，其中，制造业包括传统和现代制造业占40.36%，高新技术业包括计算机、电子和半导体占29.15%，传统服务业包括交通运输、批发、零售等传统服务业占15.70%，现代服务业包括金融及咨询企业占10.31%，其他占4.48%。

本文采用Harman一因子测试来检验可能存在的共同方法变异问题。对本研究测量变量的所有项目进行因子分析，发现有九个因子的特征值均大于1，总贡献率为66.430%，其中第一个因子的方差解释率为11.059%，未发现单一因子，也未发现哪个因子的方差比率占绝大多数，因此，在本数据中不太可能存在显著的共同方法问题。

二、变量测量

组织人力资本参照 Subramaniam 和 Youndt（2005）的研究量表，共 5 个条目，例如，"员工在行业中被广泛认为是最好的"。本研究量表均以李克特五级量表来衡量，1 代表完全不同意，5 代表完全同意。

组织社会资本参照 Tsai 等（1998）和 Subramaniam 和 Youndt（2005）的量表进行改编，共 11 个条目，例如，"员工与来自公司不同领域的人互动、交流"；"员工对工作所涉及专业领域的符号、用语、词义很清楚"；"员工面对改变，相互支持"。采用探索性因子分析，结果支持社会资本三因子结构，即结构资本、关系资本与认知资本，总方差解释率为 68.068%。

组织二元学习参考 Atuahene-Gima（2007）的量表，共 6 个条目，例如，"不断寻求新的市场/产品技术信息"；"重视搜寻企业当前所在市场/产品的信息"。采用探索性因子分析，结果支持组织二元学习二因子结构，即探索性与拓展性学习，总方差解释率为 62.077%。

组织创新能力参考 Subramaniam 和 Youndt（2005）开发的量表，共 6 个条目，例如，"从根本上改变公司占优势的产品/服务的创新能力"；"加强公司占优势的产品/服务线的创新能力"。采用探索性因子分析，结果支持创新能力双因子结构，即突破性与增量性创新能力，总方差解释率为 70.517%。

变量的验证性因子分析如表 7-1 所示。

表 7-1　测量模型的拟合结果

因子结构	χ^2	df	χ^2/df	RMSEA	GFI	CFI	IFI	NFI	NNFI
社会资本三因子	64.019	41	1.561	0.050	0.954	0.978	0.978	0.942	0.971
组织二元学习双因子	9.904	8	1.238	0.033	0.986	0.994	0.994	0.971	0.989
组织创新能力双因子	18.010	8	2.251	0.075	0.975	0.980	0.980	0.964	0.962

三、分析与结果

变量的统计描述和变量间的相关系数如表 7-2 所示，信度与效度分析如表 7-3 所示。

表 7-2　统计描述和研究变量间的相关系数

	均值	标准差	1	2	3	4	5	6	7	8	9	10	11
1. 企业规模	2.85	1.477	—	—	—	—	—	—	—	—	—	—	—
2. 所属行业	3.86	4.031	-0.052	—	—	—	—	—	—	—	—	—	—
3. 企业性质	1.59	1.131	0.145*	0.140	—	—	—	—	—	—	—	—	—
4. 人力资本	3.189	0.604	-0.003	-0.036	-0.130	(0.741)	—	—	—	—	—	—	—
5. 结构资本	3.164	0.769	0.015	0.102	0.012	0.376**	(0.791)	—	—	—	—	—	—
6. 认知资本	2.896	0.761	0.078	0.053	0.056	0.389**	0.226**	(0.766)	—	—	—	—	—
7. 关系资本	2.971	0.712	0.005	-0.062	-0.020	0.234**	0.054	0.172*	(0.768)	—	—	—	—
8. 探索性学习	3.589	0.649	0.108	0.058	-0.048	0.169*	0.325**	0.192**	0.171*	(0.708)	—	—	—
9. 拓展性学习	3.425	0.646	0.079	-0.098	-0.173*	0.223**	0.280**	0.342**	0.251**	0.147*	(0.748)	—	—
10. 突破性创新能力	3.460	0.724	0.130	0.029	-0.083	0.156*	0.039	0.100	0.078	0.261**	0.153*	(0.780)	—
11. 增量性创新能力	3.719	0.674	0.144*	0.100	0.044	0.066	0.108	0.076	0.112	0.173*	0.262**	-0.005	(0.823)

注：* 表示 p<0.05，** 表示 p<0.01；对角线括号内为变量 AVE 的平方根。

表 7-3 变量信度与效度分析结果

变量		α 系数	α 系数	组合信度	AVE
组织人力资本		0.794	—	0.859	0.549
组织社会资本	结构资本	0.862	0.878	0.870	0.627
	认知资本	0.843	—	0.851	0.587
	关系资本	0.708		0.811	0.590
组织二元学习	探索性学习	0.749	0.800	0.743	0.501
	拓展性学习	0.727		0.790	0.559
组织创新能力	突破性创新能力	0.748	0.822	0.821	0.608
	增量性创新能力	0.815		0.863	0.678

首先，信度分析。本研究 8 个潜变量的组合信度处于 0.743~0.870，都超过 0.60，均具有很高的内部一致性，也表明测量模型的内在质量理想。其次，效度分析。表 7-1 中验证性因子分析结果显示，社会资本、二元学习与创新能力测量模型拟合理想；表 7-3 显示，AVE 值在 0.501~0.678，高于 0.50，表明量表具有很好的聚合效度。表 7-2 显示，所有潜变量之间的相关系数小于对角线上 AVE 平方根，表明变量之间具有良好的区分效度。

为了检验假设 1 与假设 2，对探索性及拓展性学习进行回归分析（表 7-4 模型 1、模型 2）。模型 1 表示控制变量、组织人力资本和社会资本分别进入模型时对探索性学习的回归分析结果，整个模型在统计上显著，人力资本、结构资本、认知资本与关系资本对探索性学习的影响是正向显著的（$\beta = 0.179$，$p < 0.05$；$\beta = 0.322$，$p < 0.01$；$\beta = 0.191$，$p < 0.01$；$\beta = 0.145$，$p < 0.05$）。模型 2 表示控制变量、组织人力资本和社会资本分别进入模型时对拓展性学习的回归分析结果，整个模型在统计上显著，人力资本、结构资本、认知资本与关系资本对拓展性学习的影响是正向显著的（$\beta = 0.209$，$p < 0.05$；$\beta = 0.239$，$p < 0.01$；$\beta = 0.309$，$p < 0.01$；$\beta = 0.189$，$p < 0.01$）。因此，假设 1 和假设 2 得到支持。

为了检验假设 3，对突破性创新能力及增量性创新能力分别进行回归分析（表 7-5 模型 3、模型 5）。模型 3 表示当探索性与拓展性学习同时进入模型时对突破性创新能力回归分析的结果，模型 3 在统计上显著，β 系数分别为 0.370（$p < 0.01$）和 0.352（$p < 0.01$）。模型 5 表示当探索性与拓展性学习同

时进入模型时对增量性创新能力回归分析的结果，模型 5 在统计上显著，β 系数分别为 0.270（p<0.01）和 0.462（p<0.01）。

表 7-4　预测二元组织学习的回归分析结果

变量	探索性学习 模型 1		拓展性学习 模型 2	
	Step 1	Step 2	Step 1	Step 2
企业规模	0.146*	0.081	0.128	0.052
所属行业	0.097	0.043	−0.010	−0.064
企业性质	−0.100	−0.037	−0.187**	−0.116*
人力资本	—	0.179*	—	0.209*
结构资本	—	0.322**	—	0.239**
认知资本	—	0.191**	—	0.309**
关系资本	—	0.145*	—	0.189**
R^2	0.33	0.467	0.045	0.594
ΔR^2	—	0.434	—	0.549
F	2.253	24.054**	3.107**	40.074**

注：* 表示 p<0.05，** 表示 p<0.01。

表 7-5　预测组织创新能力的回归分析结果

变量	突破性创新能力				增量性创新能力			
	模型 3	模型 4			模型 5	模型 6		
		Step 1	Step 2	Step 3		Step 1	Step 2	Step 3
企业规模	0.090	0.189**	0.128*	0.097	0.099	0.198**	0.137*	0.107*
所属行业	0.030	0.063	0.022	0.021	0.084	0.106	0.062	0.074
企业性质	−0.056	−0.158*	−0.093	−0.063	0.045	−0.069	−0.009	0.033
人力资本	—	—	0.254**	0.168*	—	—	0.166*	0.071
结构资本	—	—	0.168*	0.039	—	—	0.238**	0.108
认知资本	—	—	0.210**	0.104	—	—	0.206**	0.078
关系资本	—	—	0.140*	0.068	—	—	0.180**	0.096
探索性学习	0.370**	—	—	0.270**	0.270**	—	—	0.174*
拓展性学习	0.352**	—	—	0.177*	0.462**	—	—	0.308**

续表

变量	突破性创新能力				增量性创新能力			
	模型3	模型4			模型5	模型6		
		Step 1	Step 2	Step 3		Step 1	Step 2	Step 3
R^2	0.447	0.053	0.425	0.483	0.460	0.048	0.424	0.486
ΔR^2	—	—	0.372	0.058	—	—	0.376	0.062
F	31.313**	3.659*	20.236**	19.686**	33.082**	3.327*	20.216**	19.994**

注：＊表示 $p<0.05$，＊＊表示 $p<0.01$。

为了检验假设4和假设5，本研究按照 Baron 等（1986）提出的程序来检验组织人力资本与社会资本通过二元学习对创新能力的影响作用。第一步是检验自变量与因变量的关系，如表7-5中模型4第2步所示，人力资本与社会资本对突破性创新能力具有显著的正向影响；如表7-5中模型6第2步所示，人力资本与社会资本对增量性创新能力具有显著的正向影响。第二步是检验自变量人力资本、社会资本与中间变量二元学习之间的关系，假设1和假设2已在前面分析中得到验证。第三步是检验中间变量二元学习与创新能力之间的关系，假设3已在前面分析中得到验证。第四步是检验中间变量是否影响自变量对因变量的作用，表7-5中模型4第3步表明，组织二元学习部分中介人力资本对突破性创新能力的影响，完全中介社会资本对突破性创新能力的影响，表7-5中模型6第3步表明，组织二元学习完全中介人力资本、社会资本对增量性创新能力的影响，假设4与假设5均被支持。

第四节　结论、讨论与管理启示

一、结论与讨论

本研究的主要目的是研究组织人力与社会资本如何通过探索性与拓展性学习影响突破性与增量性创新能力，本研究得出的结论如下：

（1）组织无形资本对二元学习均具有显著影响。①人力资本对探索性与拓展性学习均有显著的正向影响。②结构资本、认知资本与关系资本对探索性及拓展性学习有显著的正向影响，这一结论与 Atuahene - Gima 和 Murray（2007）对高管团队的研究结论部分基本一致。并发现，鼓励组织内外网络交流与互动的结构资本对探索性学习影响略大；其中，对组织愿景、组织目标、专业领域共有语言及工具方法的明确熟知对拓展性学习影响略大。

（2）探索性与拓展性学习对突破性及增量性创新能力均有显著的正向影响。其中，探索性学习对突破性创新能力的影响略大，表明组织通过探索性学习获取新知识，提出新方法、新思路，继而开发出新产品/新服务满足市场需求，对突破性创新能力的提高影响更大。而拓展性学习对增量性创新能力的影响略大，表明组织通过拓展性学习，将现有产品/服务领域的相关知识进行再挖掘与再整合，可能产生新见解，改进产品性能或提高产品开发效率，对增量性创新能力的提高影响更大。

（3）组织二元学习具有中介作用。①二元学习部分中介人力资本对突破性创新能力的影响，完全中介人力资本对增量性创新能力的影响。由于人力资本是组织学习的基础，人力资本越高，探索性与拓展性学习能力越强，对新知识的探索与对现有知识的利用越有效，越容易获得新的或与现有工作相关的知识，对新知识的探索与对现有知识更深入的挖掘越有效，继而开发新产品或改进现有产品更高效，组织突破性与增量性创新能力得到提升。②组织二元学习完全中介社会资本对突破性与增量性创新能力的影响。组织社会资本越高，越容易在组织中建立资源共享的社会网络，形成知识共享、相互学习与信任合作的组织气氛，促进探索性与拓展性学习，从而提高创新能力。

二、管理启示

本研究结论对组织的管理实践具有较重要的启示性意义。

（1）组织应重视培育及提升人力资本与社会资本，并加强其管理能力。首先，建议构建知识驱动的人力资源管理系统，在人员选拔中注重候选人胜任力、学习和成长力，建立多样性的培训与开发体系，增强绩效评估的未来导向功能，提高成员的专业技能和素质，充分理解和掌握研发任务中所涉及的专业知识和理论、工具和方法等。其次，鼓励构建组织中促进沟通交流、知识共享及学习的社会网络平台，使员工明确组织愿景和目标，营造相互信任、相互支持与敢于尝试的组织氛围，提升组织社会资本。

（2）应重视同时发挥组织二元学习的作用。我国大多企业只专注于保持现有知识及技术竞争优势的拓展性学习，不敢承担风险去尝试探索性学习。然而，企业仅专注拓展虽有利于短期绩效，但容易导致企业无法应对未来技术与竞争环境的变化，反之，高度的探索虽能提升企业对新知识的利用能力，但也易使企业陷入一再搜寻和一无所获的恶性循环。保证两者在企业中的共同演化发展是现代企业提高创新能力并获得成功的必要前提。所以，建议加强获取企业未来竞争潜力的探索性学习能力，同步发挥探索性与拓展性学习对创新能力的作用。

（3）应发挥二元学习在组织无形资本对组织创新能力影响中的中介作用。重视人力资本是知识载体及社会网络的知识传导作用，营造组织学习气氛，推进二元学习，鼓励开发部署组织学习系统或专家知识系统，使员工更合理有效地探索新知识与拓展现有知识，个体知识与组织知识的互相转化与学习过程中，知识根据需求被进一步整合与创造，产生新思想，继而提升组织创新能力。

第五节 局限性及展望

本研究也存在一些局限性，有待以后研究进一步改进。首先，本研究调查对象是企业的部门主管或人力资源经理，但对每个调查企业只发放一份问卷，就可能存在调查对象的个体认识偏差，以后研究应尽可能在每个企业发放5份左右问卷，然后取其平均值，最大程度上避免调查对象的认知偏差。其次，本研究未探讨人力资本与社会资本交互作用对于组织二元学习及创新能力的影响，在今后研究中应注意人力资本与社会资本的协同作用。最后，本研究对调查企业的背景因素，如人员规模、行业属性等，未作进一步的差异性分析，不同规模和行业中，人力资本、社会资本、组织学习及创新能力可能存在差异，在以后研究中，可对研究背景进行具体的差异性分析，也可聚焦某个代表性行业如IT行业作进一步研究。

第八章 竞争导向与组织创造力的曲线关系：有机结构与适应性文化的权变视角

第一节 研究目的

在全球动态而复杂的商业竞争环境中，创新是企业寻求生存和提升竞争力的关键。创造力是创新的前提条件和基础（West and Farr，1990），组织战略的选择是提升组织创造力与竞争力的关键。界定清晰的组织战略目标通常会增强人们的创造力（Amabile，1998）。战略导向作为引导组织行为以促进目标实现的一种倾向性原则（Gatignon and Xuereb，1997），是影响组织创新的关键因素（Jaworski and Kohli，1993；Zhou et al.，2005）。最主要的战略导向类型——市场导向对组织创造力至关重要，市场导向型企业，通过对顾客、竞争者及功能间协调的重视（Naver and Slater，1990），以及积极收集既有市场情报、不断提升产品在现有评价标准中的表现等行动（Jaworski and Kohli，1993），能够加快产品开发速度和优化创新决策（Calantone et al.，2003），最终提升企业创造力（Hult and Ketehen，2001；Zhou et al.，2005）。

而组织文化和组织结构作为与战略导向密切相关且相互影响的两个重要情境要素（Noble et al.，2002），与战略导向间的匹配影响企业创造力的成效、组织文化作为共享的意义系统（Hofstede，1991），对组织中的行为发挥重要的影响。组织文化既能激发组织创造力（Amabile，1996），也会阻碍组织创造力的发展（Amabile and Gryskiewicz，1987）。只有在适当的组织文化环境中，如组织文化体现为由市场驱动，鼓励开放、敢冒风险、积极的心态，并从经验教训中学习，有经验和能力创造变化，组织中创造性想法才会大量涌现。而适应性文化正具备这种文化特征，在拥有适应性文化的组织中创造力和创新会活跃发展。组织结构因素是影响组织创造力和创新的另一个重要情境因素（Gupta，2007）。相比于作为软实力的组织文化的影响作用，组织结构的影响作用相对刚性，支持创新的自治、扁平、网络型等组织有机结构（Zahra，1993），为公司创新活动获得较高绩效提供良好组织机制。事实上，适当的组织文化与组织结构因素对组织创造力和创新产生互补性作用（Martins and Terblanche，2003）。

市场导向与组织创新或创造力之间的关系目前仍存在争议（Noble et al.，2002），部分研究指出，市场导向对组织创造力有正向影响（Hult and Kete-hen，2001；Jaworski and Kohli，1993；Zhou et al.，2005）；也有研究认为，市场导向不一定能有效提高组织创造力（Langerak，2003）；还有研究认为，两者存在非线性关系。市场导向包括顾客导向、竞争导向与跨部门协同三个维度，三个维度各有不同的内涵，每一个维度都涉及不同的认知活动（Li and Calantone，1998）。而多数学者将市场导向作为整体概念而忽视三个子维度间区别，是造成现有研究结论存在分歧的重要原因之一。本研究定位竞争导向，以期更准确揭示与组织创造力之间的关系。

尽管国外一些学者开始将组织文化与结构因素相联系，研究对组织创造力的影响作用，但同时考虑组织文化、结构因素这两个组织情境因素对战略导向与组织创新之间关系的影响作用的研究的缺乏。本研究基于战略管理理论与组织权变理论，构建组织文化与结构对战略导向与组织创造力之间曲线关系的共同调节效应的研究模型，从组织文化、组织结构的权变视角，探索与战略导向的综合匹配模式，以提升组织创造力。

第二节　理论与假设

一、组织创造力

创造力是指具有潜在价值的新想法的产生（Amabile，1996），组织创造力研究源于个体创造力的研究，由最初的个体层次扩展到团队及组织层次，发展到组织创造力是多层次现象的研究。Woodman 等（1993）认为，组织创造力是创造有价值的、适用的新产品、新服务、新想法、新程序或新工艺的过程，这是由个体共同工作在一个复杂的社会系统中所创造的，并认为组织创造力界定了组织变革与创新的一个未开发的领域，是更广领域的组织创新的一个子集。

组织创造力是组织创新的基础，虽然创新通常是植根于有创造性思想的员工个体中，但是，在企业内部，大量创造性活动仅靠一个员工、一个团队或者一个部门的力量是无法完成的，组织必须作为一个整体来协调和参与（耿紫珍等，2012）。尽管较多文献侧重于个体或群体创造力及其影响因素的研究，组织创造力的研究文献不是很多，但观点较多样化，共同点都认为组织创造力与一定的情境密切相关，如管理者及领导风格、组织气氛和文化、组织结构及管理制度、技术等组织层面因素。国外已有学者开始将组织文化与制度因素相联系，研究对组织创造力的影响作用，但这些研究大多是概念性研究，实证研究比较少见，更缺乏从企业战略高度将组织结构与文化环境相结合的提升组织创造力作用机制的研究。

二、竞争导向与组织创造力

组织战略是组织在经营活动中对自身发展的自觉选择，是指导组织及全体员工的行动纲领，适当的组织战略有利于提高企业的创新绩效（O'Reilly and Tushman，2004）。市场导向是企业战略的重要类型，Kohli 和 Jaworsk（1990）从管理视角诠释市场导向，强调获得与顾客现在需求和未来需求相关的市场情报，企业各部门交流与使用市场情报，并对市场情报做出快速反应；Narver 和 Slater（1990）将市场导向定义为促使组织以高效方式进行必要的组织行为，有效地为顾客创造卓越的价值，最终实现持续的高绩效和竞争优势，主要包括三个维度：顾客导向、竞争导向、跨部门协调。

竞争导向是市场导向的一个维度，指企业密切关注现有及潜在竞争者，深入分析他们的短期优势及劣势，以及长期可能发展出的能力与策略，进而提出相应对策（Narver and Slater，1990）。然而，市场导向与组织创新或创造力间关系的研究结论存在矛盾，竞争导向与组织创新或创造力的研究也存在不一致。一些学者认为，竞争导向与组织创新或创造力有正向关系。Im 和 Workman（2004）认为，竞争导向型企业通常会连续关注竞争对手的发展情况，这有助于企业开发出异于竞争企业的新产品与新服务，从而使企业的产品创新领先于竞争对手。Zahra 等（1995）指出，竞争对手信息的充分获取可帮助企业制定正确的研发规划、选择合适的市场进入时间以及为组织的技术进行准确定位，因此，即便技术预测不能保证创新者持续获得成功，至少能够帮助企业预测技术变化的可能路径及其含义。Lukas 和 Ferrell（2000）以 194 家制造型企业为样本，研究发现竞争导向让企业更加重视竞争者的产品创新，而企业会加强模仿竞争者产品并进行全新产品的开发。

但是，另一些学者则研究发现，过度的竞争导向对组织创新或创造力将产生不利的影响。首先，高度的竞争导向的缺点是过度关注竞争者会使企业忽略差异化的机会，忽视细分市场和顾客需要的变化，单纯对竞争者的模仿不利于组织创新战略的开发（Day and Wensley，1988）。高度的竞争导向在持续聚焦于竞争者信息获取并进行模仿的过程中，易使企业形成组织惯性，仅仅改善和利用现有的技术轨道，改进和加强现有产品和服务的能力，抑制了提升组织创新或创造力的探索能力，不敢冒险破坏现有的技术轨迹，颠覆现有知识基础的价值，以应对可能出现的颠覆性创新。在这种组织氛围中，组织缺乏开放性，难以激发创造性思想的产生，难以抵御未知的随时可出现的创新企业革命性新产品。其次，Lukas 和 Ferrell（2000）认为，关注竞争者行动的企业往往遵循风险以及研发和上市成本最小化的原则，视模仿为产品开发的重要途径。高度竞争导向型企业过分强调成本的降低与快速的市场反应，组织将大部分资源投入到能够快速实现企业市场价值的活动中，企业仅专注拓展虽有利于短期绩效,但减少了对创造性活动的支持,易导致企业无法应对未来技术与竞争环境变化,将造成组织创造力下降。

基于上述内容,高度竞争导向型企业过于聚焦竞争者动态,倾向于开发模仿品而专注于保持现有知识及技术带来的竞争优势,减少了对新知识获取等创造性活动的投入和支持,严重阻碍组织对新领域的探索,并抑制创造性想法的激发。由此,提出如下假设:

假设1:竞争导向与组织创造力之间存在倒 U 型关系。

三、有机结构对竞争导向与组织创造力之间的倒 U 型关系的调节作用

基于 Burns 和 Stalker(1961)的权变理论,组织结构以其柔性程度划分为有机型与机械型两种形态,是一个连续统一体的两端。有机型组织的结构特性包括低复杂性、低正规和分权化、高内外沟通交流水平、低水平垂直差异化,不具有标准化的工作和规则条例,能根据需要迅速地作出调整等,是松散灵活的组织形式。

研究发现,一些较为僵化的组织结构设计方式(如专业化、正式化等)限制了企业的创新水平(Damanpour,1991),权力集中的组织创造力较低(Hage and Aiken,1969);控制是阻碍创造力产出的主要因素(Amabile,1998),而较为灵活的设计方式(如矩阵式组织)则提高了企业的创新水平,能够促进与外部开放的持续联系以及进行不同或多样化来源的信息搜寻的组织结构与创造力相关(Ancona and Caldwell,1992;Dougherty and Hardy,1996)。采用有机结构的公司对创新能力有正向影响(Camisón and Villar-López,2012)。

组织战略调整必然伴随组织结构的变化和治理模式的选择(Chandle,1962)。而 Harris 和 Ruefli(2000)以大型企业为样本研究企业中战略、结构和绩效的变化情况,研究结构变革、战略变革与企业绩效的关系,结果显示,结构变革对企业的绩效改进要优于战略变革。由此可见,组织战略与组织结构之间相互影响,因此提出以下假设:

假设2:有机结构调节竞争导向与组织创造力之间的倒 U 型关系,即在中度竞争导向时,有机型组织比机械型组织展现更高的创造力。

四、适应性文化对竞争导向与组织创造力的倒 U 型关系的调节作用

Furnham 和 Gunter(1993)将组织文化的功能归纳为内部的整合和协调。

内部整合被描述为组织内新成员的社会化、设立组织边界、对员工身份的感知及对组织的承诺，协调功能指的是建立竞争优势、理解环境中可接受的行为和社会系统的稳定性。基于这些功能特性，组织文化的价值观、信念、历史和传统等对创造倾向和创造力产生影响（Isaksen et al.，2001）。

适应性文化体现为由顾客驱动、敢冒风险并从经验教训中学习、有经验和能力创造变化三个方面（Fey and Denison，2003）。首先，适应性文化所强调的顾客驱动体现了对追踪、挖掘及尽力满足顾客需求的重视，既增强了组织进行创造性努力的动机，又促进市场信息向企业内部持续高效流动进而激发组织内产生更多创造性想法（Ahuja and Lampert，2001；耿紫珍等，2012）。其次，适应性文化所体现的鼓励风险和创新性本身就是利于组织中产生创造性想法的重要支持性情境因素（Amabile，1997）。最后，适应性文化包含的对经验性学习的重视，基于问题解决的方法能够促进错误的彻底反思和开放性学习，开放性的价值观、真正的责任、互相的影响有利于知识共享与接受，有关错误的反馈交流反过来促进了学习，进而充分认识问题和开发高质量的解决方案（Arygris and Schon，1978，1996），从而提升组织创造力。已有研究开始考虑市场战略与组织文化的互动对战略联盟有效性的影响，适应性文化作为组织的内部环境，由此提出以下假设：

假设3：适应性文化调节竞争导向与组织创造力之间的倒 U 型关系，即在中度竞争导向时，具有高适应性文化的组织比低适应性文化的组织展现出更高的创造力。

五、有机组织与适应性文化对竞争导向与组织创造力之间倒 U 型关系的组合效应

组织文化和结构因素作为组织中两种重要的情境因素，除了各自方式对创造力产生作用外，松散联结和灵活等组织结构特征与市场导向以及支持和合作、容忍冲突和风险、参与决策等组织文化特征相融合，协同促进企业获得更高的创新能力和绩效（Hurley and Hult，1998）。组织文化强调组织的表达特性，它通过象征、感觉、语言背后的意义、行为和人工制品进行交流，而组织结构被设计来进行组织实践（Martins and Terblanche，2003）。因此，将创新和创造力的激发纳入组织文化和管理过程是在经济转型环境中的成功企业的必备能力（Tushman and O'Reilly，1997）。Covin 和 Slevin（1991）的创业导向—绩效概念模型指出，组织文化、结构等内部变量对创业导向—创业绩效间的关系存在缓冲效应。由此，提出以下假设：

假设4：有机组织与适应性文化共同调节竞争导向与组织创造力之间的倒U型关系，即在中度竞争导向时，具有高有机组织与高适应性文化的组织展现出更高的创造力。

第三节　研究方法

一、数据收集与样本

本研究调研了上海、浙江、湖南、深圳、北京等多个省份的不同行业（电子信息技术行业、新材料及能源行业、高技术服务业及高新技术改造传统产业以及其他行业）与类型（国有制企业、私营企业、外资企业以及其他）的多家企业。为了减少数据来源相同而产生的同源偏差，采用套问卷形式，将问卷分为组织高层管理者问卷与员工问卷，高层管理人员对企业战略、组织结构、环境特征等组织层面特征具有整体性认知，其评价更大程度上反映组织的真实状况，组织文化与组织创造力由员工评价。

确定组织管理人员与员工调查数量时，既考虑调查组织中高层管理人员的困难性，又考虑保障研究的有效性，本研究确定调查每个组织中3位左右中高层管理人员和5位左右员工的方案。问卷调查采用纸质版和电子版两种形式。纸质版调查方式：企业人力资源部经理将问卷分别发放给管理人员和员工填写，然后，将填写后的问卷整理并装进事先准备的信封寄回。电子版调查方式：由作者直接联系熟悉的企业中高层管理人员，确保该联系人熟知问卷调查流程，由其向管理人员和员工发放电子问卷，以保证管理者和员工的数据匹配。

整个问卷调查时间持续将近一年。本研究对210家企业发放了问卷，响应并回收企业166家，经过筛选，由于3家企业缺少中高层管理人员问卷，2家企业问卷填写有遗漏，因此，5 家企业的问卷数据被去除，最终获得 161 家企业有效数据，以组织为单位分类整合求均值，形成 161 套有效匹配数据，其中，含 455 份中高层管理人员问卷和 652 份员工问卷，问卷有效率为 76.67%。

企业样本的基本统计特征如表 8-1 所示。本研究套问卷的形式，一定程度上避免了共同方法问题，采用 Harman 一因子测试来进一步检验可能存在的共同方法变异问题。对本研究测量变量的所有项目进行因子分析，发现有十个因子的特征值均大于 1，总贡献率为 77.57%，其中第一个因子的方差解释率为 11.51%，未发现单一因子，也未发现哪个因子的方差比率占绝大多数，因此，在本数据中不太可能存在显著的共同方法问题。

表 8-1　企业样本的基本统计特征

组织成立年限			组织规模		
年限	样本数	比重（%）	规模（人）	样本数	比重（%）
1～5 年	47	29.2	0～50	49	30.4
6～10 年	71	44.1	50～100	25	15.5
10 年以上	43	26.7	101～500	39	24.2
			500 以上	48	29.8
组织所有制形式			组织所在行业		
所有制	样本数	比重（%）	行业	样本数	比重（%）
国有制企业	26	16.1	电子信息技术行业	66	41.0
私营企业	71	44.1	新材料及能源行业	28	17.4
外资企业	52	32.3	高技术服务及改造传统业	35	21.7
其他	12	7.5	其他行业	32	19.9

二、研究变量

本研究采用问卷调查形式，变量的测量采用李克特五分量表，问卷调查所用测量指标均在参考国外量表的基础上，由两名熟练掌握中英文语言的研究人员通过翻译、回译并调整方式编制。

竞争导向的测量采用 Lukas 和 Ferrell（2000）开发的市场导向量表，包括客户导向、竞争导向与部门间协调，共 15 个条目，其中本研究采用的竞争导向包括 4 个条目。

有机结构的测量主要参考 Burns 和 Stalker（1961）与 Camisón 和 Villar-López（2012）研究，由 5 个条目构成。

适应性文化的测量参考 Fey 和 Denison（2003）开发的组织文化量表中适应性维度，以及根据对企业的访谈改编而成，由 6 个条目构成。

组织创造力的测量参考 Lee 和 Choi（2003）的组织创造力 5 条目量表。该量表主要从组织的创造动机、创造性环境、创造过程和创造结果几个方面对组织创造力进行了评估，比较系统地反映了组织创造力各方面的内容，而且基本符合本研究对组织创造力内涵所作的界定，所以本研究选择参照该量表对组织创造力进行测量。

为了更好地检测市场导向、有机结构和适应性文化对组织创造力的影响，设置了组织企业年限、企业规模、企业性质、所处行业、环境竞争性与环境动态性六个变量。其中，企业成立年限划分为"1~5 年""6~10 年"和"10 年以上"三个级别，企业规模将员工数量划分为"不足 50 人""50~100 人""101~500 人"及"500 人以上"四个级别来衡量；组织所有制形式分为国有制企业、私营企业、外资企业和其他四种类型，分别采用 3 个 0~1 型虚拟变量进行控制；行业被划分为电子信息技术行业、新材料及能源行业、高技术服务业及高新技术改造传统产业以及其他行业四个类别，采用 3 个 0~1 型虚拟变量进行控制。而用来刻画市场环境特征的环境动态性和环境竞争性参照 Jansen 等（2006）的量表来测量，环境动态性由 5 个条目组成，环境竞争性由 4 个条目组成。

第四节　分析与结果

一、变量信度与效度分析

验证性因子分析结果如表 8-2、表 8-3 所示。表 8-2 中数据表明，本研究中所有变量的模型拟合指数良好。如表 8-3 中数据所示，竞争导向、有机结构、适应性文化、组织创造力、环境动态性、环境竞争性六个变量的组合信度均大于 0.6，表明六个变量具有高内部一致性，测量模型的内在质量理想。效度分析包含收敛效度与区分效度的检验，全部六个变量的平均方差抽取量 AVE 均大于 0.5，表示量表具有良好的收敛效度。此外，表 8-4 中数据显示，所有变量之间的相关系数均小于 AVE 的平方根，表明六个变量之间具有良好的区分效度。从表 8-4 也可以看出，各变量的均值和标准差均无异常现象，一般认为，相关系数若大于 0.7，则说明概念区分不合理或存在共线性问题，本研究中各变量间的相关系数均小于 0.7。

表 8-2 测量模型的拟合结果

因子结构	χ^2/df	RMSEA	GFI	CFI	IFI	NFI	NNFI
环境动态性	1.786	0.070	0.979	0.988	0.988	0.973	0.975
环境竞争性	1.129	0.028	0.993	0.999	0.999	0.992	0.997
竞争导向	1.804	0.071	0.996	0.996	0.997	0.992	0.989
有机结构	1.428	0.052	0.989	0.998	0.998	0.995	0.995
适应性文化	1.734	0.068	0.975	0.990	0.990	0.977	0.978
组织创造力	1.155	0.031	0.991	0.999	0.999	0.995	0.998

表 8-3 变量的测量结果

潜变量	项目	因子载荷	组合信度	平均方差抽取量（AVE）	Cronbach's α
环境动态性	所处市场环境变化很快	0.821	0.847	0.532	0.787
	客户经常有新产品和服务的要求	0.652			
	所处市场持续变化	0.826			
	公司有较强的竞争对手	0.772			
	所处市场中的产品和服务总量快速且频繁变化	0.531			
环境竞争性	所处市场竞争者众多	0.676	0.847	0.584	0.834
	一年来市场没有什么变化（反向计分）	0.832			
	所处市场竞争激烈	0.861			
	价格竞争是所处市场的一大特征	0.667			

续表

潜变量	项目	因子载荷	组合信度	平均方差抽取量（AVE）	Cronbach's α
竞争导向	对威胁公司的竞争行为，公司做出快速反应	0.818	0.917	0.734	0.906
	销售人员定期在公司内分享有关竞争对手战略的信息	0.853			
	高层经理定期讨论竞争对手的优势和战略	0.921			
	公司在可能获得竞争优势的领域确定目标客户	0.832			
有机结构	组织结构特征是高程度依赖松散、非正式控制、非正式关系、为完成工作而合作的规范	0.940	0.952	0.801	0.943
	组织特别强调完成工作，即使这意味着不考虑正规程序	0.828			
	组织大力强调自由适应不断变化的环境，没有太多关注过去的实践	0.893			
	管理者的经营风格在一个自由的范围内：从非常正式到非正式	0.896			
	组织有强烈的倾向，让形式的需求和个人的人格定义适当的工作行为	0.913			
适应性文化	组织鼓励员工敢于冒风险，勇于创新	0.773	0.887	0.568	0.884
	组织能很好地响应竞争对手和其他因素的变化	0.751			
	组织积极响应且变化迅速	0.779			
	客户意见和建议往往会导致组织内的改变	0.733			
	组织将失败视为学习提高的机会	0.797			
	组织提倡讨论过去习得的经验教训以促进内部交流	0.684			
组织创造力	公司产生了许多有关产品/服务的有用的新想法	0.822	0.930	0.727	0.933
	公司营造环境促使产生有关产品/服务的有用的新想法	0.898			
	公司重视提出有关产品/服务的有用的新想法	0.929			
	公司致力于产生有关产品/服务的有用的新想法	0.802			
	公司花时间来产生有关产品/服务的有用的新想法	0.805			

表 8-4 变量的均值、标准差、相关系数

变量	1	2	3	4	5	6	7	8	9	10	11	12	13	14
1. 组织年限	—													
2. 组织规模	0.525**	—												
3. 所有制 1	0.128	0.240**	—											
4. 所有制 2	-0.171*	-0.362**	-0.390**	—										
5. 所有制 3	0.112	0.135	-0.303**	-0.613**	—									
6. 行业 1	-0.040	-0.055	-0.126	0.074	0.072	—								
7. 行业 2	0.015	-0.108	0.155*	-0.210**	0.104	-0.382**	—							
8. 行业 3	0.018	0.154	0.014	0.047	-0.042	-0.439**	-0.242**	—						
9. 环境动态性	-0.170*	-0.121	-0.041	0.024	0.052	0.329**	-0.032	-0.012	(0.729)					
10. 环境竞争性	-0.069	-0.040	-0.208*	0.003	0.156*	0.293	-0.269**	0.080	0.544**	(0.764)				
11. 竞争导向	-0.156*	-0.074	0.075	-0.232**	0.201*	0.148	0.128	-0.132	0.190**	0.299**	(0.857)			
12. 有机结构	0.011	0.025	0.196*	-0.089	0.007	0.074	0.216**	-0.115	0.207**	0.130	0.443**	(0.895)		
13. 适应性文化	-0.221*	-0.133	0.088	-0.131	0.078	-0.102	0.073	0.001	0.021	0.134	0.476**	0.355**	(0.754)	
14. 组织创造力	-0.066	-0.051	0.107	-0.124	0.104	0.066	0.169*	-0.090	0.344**	0.206**	0.489**	0.340**	0.317**	(0.853)
均值	1.975	2.534	0.161	0.441	0.323	0.410	0.174	0.217	4.326	4.399	4.273	4.175	4.054	4.022
标准差	0.750	1.209	0.369	0.498	0.469	0.493	0.380	0.414	0.570	0.573	0.615	0.678	0.592	0.497

注：** 表示小于 0.01 显著性水平（双尾），* 表示小于 0.05 显著性水平（双尾）；对角线括号内为 AVE 的平方根。

二、假设检验

研究中使用 VIFs（Variance Inflation Factors）来检验多重共线性的影响，在回归方程中与预测因子相关的 VIF 值在 1.492~4.375，是可接受的（Hair et al.，1998）。

表8-5 显示了多层次回归分析的结果。我们逐步引入回归方程中的控制变量（第一步）、主效应变量（第二步），控制住潜在的线性趋势，即二维交互项和三维交互项（第三步），接下来，检验提出的假设 1：竞争导向对组织创造力有倒 U 型影响，引入竞争导向平方项进入回归方程。如表8-5 所示，竞争导向平方项的系数（$\beta = -0.036$，$p > 0.05$）在统计意义上不显著，假设 1 未得到支持。

表 8-5　多层次回归分析结果

变量	组织创造力						
	模型 1	模型 2	模型 3	模型 4	模型 5	模型 6	模型 7
第一步							
组织成立年限	-0.040	0.054	0.072	0.075	0.066	0.066	0.051
组织规模	-0.009	0.010	0.018	0.018	0.010	0.010	0.014
所有制 1	0.216	0.115	0.098	0.103	0.099	0.099	0.096
所有制 2	0.091	0.118	0.113	0.119	0.104	0.104	0.144
所有制 3	0.181	0.108	0.110	0.116	0.077	0.078	0.092
行业 1	-0.032	-0.068	-0.112	-0.109	-0.138	-0.138	-0.152
行业 2	0.148	0.058	0.044	0.050	0.054	0.054	0.036
行业 3	-0.072	-0.050	-0.065	-0.065	-0.098	-0.098	-0.139
动态性	0.282**	0.319**	0.333**	0.323**	0.333**	0.333**	0.262**
竞争性	0.121	-0.049	-0.062	-0.055	-0.035	-0.035	-0.039
第二步							
竞争导向	—	0.364**	0.316**	0.310**	0.352**	0.353**	0.411**
有机结构		0.047	0.022	0.015	0.194	0.193	0.264*
适应性文化	—	0.126	0.102	0.099	0.068	0.069	0.118

续表

变量	组织创造力						
	模型 1	模型 2	模型 3	模型 4	模型 5	模型 6	模型 7
第三步							
竞争导向×有机结构	—	—	-0.173	-0.160	-0.266*	-0.266*	-0.186
竞争导向×适应性文化	—	—	-0.029	-0.014	0.046	0.046	0.084
有机结构×适应性文化	—	—	0.096	0.089	0.103	0.102	0.495**
竞争导向×有机结构×适应性文化	—	—	0.059	0.061	0.180	0.181	-0.042
第四步							
竞争导向^2	—	—	—	-0.036	-0.141	-0.142	-0.159
第五步							
竞争导向^2×有机结构	—	—	—	—	-0.400*	-0.400*	-0.501**
第六步							
竞争导向^2×适应性文化	—	—	—	—	—	-0.002	-0.187
第七步							
竞争导向^2×有机结构×适应性文化	—	—	—	—	—	—	-0.751**
R^2	0.185	0.349	0.369	0.370	0.394	0.394	0.431
Adjusted R^2	0.131	0.291	0.294	0.290	0.312	0.307	0.345
ΔR^2	0.185**	0.163**	0.021	0.000	0.024*	0.000	0.037**
F value	3.412**	6.050**	4.926**	4.630**	4.822**	4.548**	5.006**

注：**表示 p<0.01，*表示 p<0.05。

我们假设有机结构将调解竞争导向与组织创造力的倒 U 型关系（假设 2），为验证这个假设，在第五步引入了竞争导向平方和有机结构的交互项（竞争导向^2×有机结构）到回归方程，与假设 2 一致，该交互项对组织创造力的影响负向显著（β = -0.400，p<0.05），解释度 R^2 = 0.394，ΔR^2 = 0.024（p<0.05）。假设 2 得到支持。我们确定调节变量有机结构的中位数，对低于中位数和高于中位数的两组分别进行回归，来观察竞争导向与组织创造力关系的不同作用模式，交互图如图 8-1 所示，在高有机结构时，市场导向与组织创造力

之间具有倒 U 型关系，此外，在中度竞争导向的条件下，高有机结构的组织比低有机结构的组织展现出更高的创造力。

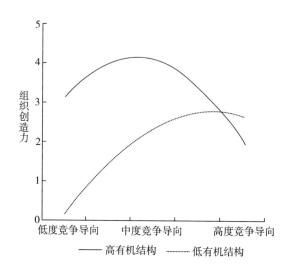

图 8-1　组织有机结构对竞争导向平方与组织创造力之间关系的调节效应

我们预测适应性文化将调解竞争导向与组织创造力的倒 U 型关系（假设 3），为验证这个假设，在第五步引入了竞争导向平方和适应性文化的交互项（竞争导向^2×适应性文化）到回归方程，该交互项系数不显著（β = -0.002，p>0.05），假设 3 未得到支持。

虽然研究结果未支持适应性文化对竞争导向与组织创造力之间的倒 U 型关系，之前的研究和理论建议，将组织结构与组织文化结合影响组织创新（Hurley and Hult，1998）。因此，我们探索组织结构与组织文化对组织战略与创造力之间非线性关系的共同调节作用。

为检验假设 4，我们在第七步通过引入三维交互项（竞争导向^2×有机结构×适应文化）到回归方程，如表 8-5 所示，该交互项系数是显著的（β = -0.751，p<0.01），解释度 R^2 = 0.431，ΔR^2 = 0.037（p<0.01）。假设 4 得到支持。我们首先确定有机结构的中位数，分为高低两组，然后分别在这两组中将适应性文化的中位数分为高低两组，共形成四组，即高有机结构高适应性文化、高有机结构低适应性文化、低有机结构高适应性文化、低有机结构低适应性文化，分

别对四组进行回归，来观察竞争导向与组织创造力关系的不同作用模式，交互图如图 8-2 所示，中度竞争导向的条件下，高有机结构高适应性文化比低有机结构、低适应性文化或两者均低的情境，展现更高的组织创造力。

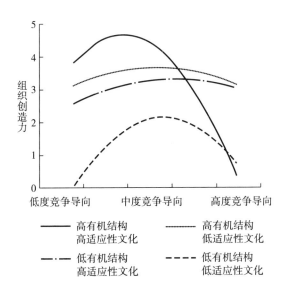

图 8-2　有机结构与适应性文化对竞争导向平方与组织创造力之间关系的调节效应

第五节　讨论与管理启示

以往研究较少从战略高度对组织创造力提升机制进行探讨，尤其从组织结构与文化的权变视角，探讨竞争战略与组织创造力之间关系的边界条件的研究缺乏，而组织文化和组织结构作为与战略导向密切相关且相互影响的两个重要情境要素（Noble et al.，2002；Harris and Rueffi，2000），对组织创造力具有重要影响。因此，从有机结构与适应性文化的权变视角，探讨组织战略、结构与文化的综合匹配模式以促进组织创造力提升，是组织和管理者面临的重要而又具有挑战性的问题。研究竞争导向与组织创造力的非线性关系，以及有机结构与适应性文化对竞争导向与组织创造力之间关系的共同调节效应，结论拓展了关于市场导向对组织创造力的边界条件的研究，即对组织结构与文化的权变作用的认知，对于提升组织创造力的管理实践提供了理论参考。

首先，竞争导向与组织创造力的倒 U 型关系未得到支持。虽然研究结果未能支持竞争导向与组织创造力之间的倒 U 型关系，表明可能存在某种情境因素对两者关系具有影响，而情境因素可能就是定义理论的边际条件的调节变量，而理论的边际条件就是这个理论只能在某一个情形下适用，也就是说，有必要继续探讨竞争导向与组织创造力之间关系在不同条件下的变化及其背后的原因。

其次，有机结构对竞争导向与组织创造力之间的倒 U 型关系具有调节作用。表明当竞争导向为中度水平时，高有机结构更有助于组织创造力的提升。具体来说，当组织采用中度的竞争导向时，更松散、非正式控制、非正式关系的高程度依赖、为完成工作而合作的规范的组织结构，组织表现出更高的创造力。但是，适应性文化对竞争导向与组织创造力之间的倒 U 型关系的调节作用未得到支持。虽然我们推测，高适应性文化的组织在中度竞争导向的条件下将是极具创造力的，因为要适应环境中难以预料的变化或复杂困境，需要从经验教训中摸索出正确的认知，并快速反应激发组织内以创造性的方式寻求新的应对之策（Keskin，2006），从研究结果上看，这种理论化似乎并不完整，可能需要组织制度的进一步支撑或互动，而制度因素是被设定来进行组织实践（Martins and Terblanche，2003）。

最后，有机组织与适应性文化共同显著调节竞争导向与组织创造力之间的倒 U 型关系。Martins 和 Terblanche（2003）研究认为，组织文化和制度因素作为组织中两种重要的情境因素，除了各自方式对创造力产生作用外，适当的组织文化与制度环境因素对组织创造力和创新还会产生互补性作用，而组织结构则作为制度环境的理性管理工具和过程的一类。本研究结果与 Martins 和 Terblanche（2003）的论点基本一致。本研究结果表明，在中度竞争导向时，具有高有机组织与高适应性文化的组织展现出更高的创造力。除了有机结构具有独立的调节作用，我们发现，适应性文化结合有机型结构，进一步修正了竞争导向和组织创造力间的倒 U 型函数，也就是说，只有当组织结构为激发组织创造力提供了必要的支持时，适应性文化才可能调节竞争导向和创造力之间的关系。相比之下，机械型结构、弱适应性文化或两者兼而有之，竞争导向的增大普遍不利于组织创造力的进一步激发。

第六节　研究结论与局限性

在全球化竞争加剧及我国大力倡导自主创新能力建设的今天，组织必须不断提高创新能力，有效应对动态复杂的外部环境，而组织创造力作为组织创新的前端和基础，是组织获得竞争优势的关键资源（Woodman et al.，1993），也是增强企业可持续发展的主要动力，本研究基于组织战略理论，从结构与文化的权变视角，针对竞争导向与组织创造力的非线性关系，以及有机结构与适应性文化对竞争导向与组织创造力之间曲线关系的调节效应，构建了理论模型，采用实证研究对所提出的假设进行检验。研究结果表明，竞争导向与组织创造力的倒 U 型关系未得到支持；有机结构对竞争导向与组织创造力之间的倒 U 型关系具有显著调节作用，采用中度竞争导向战略时，高有机结构更有助于创造力的提升；适应性文化对竞争导向与组织创造力之间的倒 U 型关系的调节作用未得到支持；有机组织与适应性文化共同显著调节竞争导向与组织创造力之间的倒 U 型关系，在中度竞争导向时，具有高有机组织与高适应性文化的组织展现出更高的创造力。

本研究也存在一些局限性，在未来研究中有待进一步改进。首先，本研究调查对象是企业的部门主管或人力资源经理，但由于对每个调查企业只发放3~5 份问卷，可能存在调查对象的个体认识偏差，以后研究应尽可能在每个企业多发放一些问卷，最大程度上避免调查对象的认知偏差。其次，本研究考虑了竞争导向与组织创造力之间关系的边界条件，而竞争导向对组织创造力的影响是通过何种机制传导过去的，后续可进一步挖掘。最后，本研究未探讨市场导向的消费者导向与跨部门协同这两个维度对组织创造力的影响，以及有机结构与适应性文化对其关系的作用机制，后续研究可进一步完善。

第九章　组织人力和社会资本与探索性和拓展性绩效：知识共享中介效应研究

第一节　研究目的

　　组织绩效在知识经济时代很大程度上取决于组织应用现有知识及探索新知识的能力。特别是那些为了应对快速变化的外部环境而采取柔性或扁平化组织结构的企业，其组织绩效更取决于个体之间、团队或部门之间的知识共享。知识共享作为知识管理流程中的一个重要环节，目的是吸收新知识和有效利用现有知识，通过知识转化，将那些使组织获益的知识加速应用，从而提高组织绩效并获得竞争优势。人是知识的载体，组织人力资本的高低反映组织知识的水平，是企业赢得竞争力的关键，组织社会资本为知识共享与交换提供了灵活的通道，未来的竞争越来越依靠以"知识为基础"的资产积累和开发来获取持续的竞争优势。所以，如何培育整合人力资本和社会资本，并通过知识共享等机制促进知识相关的组织绩效，提升企业竞争优势，是组织面临的当务之急。

　　目前，国内外已有人力资本、社会资本对知识共享或组织绩效的影响研究，亦有知识共享对组织绩效的影响研究，但组织中知识相关绩效的研究较少，更缺乏将人力资本、社会资本、知识共享和知识相关绩效相整合的研究。本研究以知识观为视角，构建结构方程模型，研究组织的两大无形资本人力资本和社会资本对知识共享的影响机理、知识共享对探索性和拓展性绩效的影响机理及作用，并探讨和检验知识共享对于人力资本、社会资本与知识相关绩效之间关系的中介作用。

第二节　理论与假设

一、组织人力资本与社会资本

人力资本概念最早由 20 世纪 60 年代美国经济学家 Schultz（1961）明确提出，指由投资形成的个体拥有的知识、技能和能力。Becker（1964）发展了人力资本理论，将对人力资本的研究从微观经济学扩大到人的行为的广泛范畴的研究。他的研究指出，教育和经验是人力资本概念的关键特征，教育增加个体的信息、知识、技能的存量，经验包括工作经验，也包括在职的实践性学习及培训等非正式教育，拥有更多或高质量的人力资本会获得更多想要的收益。本研究中组织人力资本是指"包括在一个组织中工作的人员的所有技能和能力"。

社会资本概念起源于社群研究，用以强调社群中的人际关系网络是一种有助于个人在社群中发展的关系性资源。随后，对社会资本的研究从个体、团体、组织、区域及国家等不同层面展开。Brown（1997）将社会资本归为三类，即微观社会资本、中观社会资本、宏观社会资本。其中，微观层次所探讨的是社会实体（个体、组织、团队）如何通过社会网络调动资源，中观层次所探讨的是连带网络中社会实体之间的联系类型及其结构位置如何带来资源，宏观层次则讨论文化、制度与社会等因素对社会网络中联系性质的影响；并认为这三个层面并不排斥，彼此之间交互作用。Nahapiet 和 Ghoshal（1998）进一步提出社会资本的三维结构：结构、关系、认知。结构维度指社会互动或网络连带总体构型，以密度、联结及层级来测量；关系维度指通过社会互动而形成的关系类型，如信任、规范、义务、期望、认同等；认知维度指共享的象征、译码和意义系统等。这三个维度只在分析时相对区分，实际上三个维度的许多特征是高度关联的。本研究中的组织社会资本主要指"依存于一个社会单元中，并可获得的实际的和潜在的资源总和"。

二、组织人力资本、社会资本与知识共享

Moorman 和 Miner（1998）认为，知识共享是组织中有关不同个体间或不同部门间学习范畴的一种集体信念或行为规则。知识共享不是一个单向的过程，它包括知识交换与转移，组织通过知识共享，使知识由个人层面扩散到组织层面、由知识拥有者传播到知识吸收者。Foss（2007）认为，知识共享是提高知识承载者的知识交叉和复合的程度。

组织或个体必须具备知识共享的能力、意愿及机会，才能有效地共享知识，能力与人力资本、机会与社会资本密切相关。一些研究指出，组织职能结构的变动能力可以促进知识共享，员工的"接受能力"在知识传递中扮演重要角色。Alchian 和 Demsetz（1972）强调人力资本的合作效率，人力资本只有通过资源共享、协作和发挥团队精神才能得到充分释放。组织配置具有胜任能力和积极态度的人员做适合的工作，能促使企业共享与整合多元的知识并激发创新观点的产生。

组织社会资本与知识等资源的交换机会紧密相关。首先，结构资本主要包括组织间或组织内的社会互动或网络连带。Dyer 和 Nobeoka（2000）发现，Toyota 公司通过与供应商建立强联系可以快速地与对方交换和分享有价值的知识。Tsai 和 Ghoshal（1998）认为，组织内事业部之间的社会互动抹掉了组织边界，从而使事业部之间有更多的资源交换机会。强联系被认为相对弱联系更有利于主体间分享精细化和深层次的知识，原因在于高频率的社会互动为主体提供了更多的认识和接触独有知识的机会。其次，关系资本有助于知识的获取和共享。信任是组织社会资本的核心要素，Ring 和 Van de Ven（1992）认为，与交易伙伴的社会互动会提高对对方能力的信任以及可靠性方面的满意度，从而产生高频率和广泛的信息交流。如果网络成员互相信任，那么，一方就不会感到需要保护自己以避免他人的机会主义行为，并且相信对方有能力为其提供有价值的知识。Kogut 和 Zander（1992）认为，只有在网络中涉及的实体间互相信任的情况下，隐性知识的转移和共享才是可行的。最后，认知资本指共享的象征、译码和意义系统等，如共同语言、共同愿景、文化和目标等。企业文

化是共享的价值观体系，将会影响员工行为方式的相互理解，影响人们的洞察力，因而能够降低知识的因果模糊性，促进网络成员的知识获取和共享，推动知识积累和创造。共同愿景是组织凝聚员工向心力、激发员工组织忠诚的重要因素，可以为组织带来更多的合作行为，并因之创造资源。

根据以上讨论，提出如下假设：

假设1：组织人力资本与知识共享呈正相关关系。

假设2a：组织社会资本中的结构资本与知识共享呈正相关关系。

假设2b：组织社会资本中的关系资本与知识共享呈正相关关系。

假设2c：组织社会资本中的认知资本与知识共享呈正相关关系。

三、组织知识共享与探索性绩效、拓展性绩效

知识相关绩效大多与创新有关，而创新源于组织对知识资源的重新整合与创造，不仅要依靠自身占有的稀缺知识资源，还要依靠组织学习或共享，积极从外部获取新的关键知识。因此，促进企业产品创新和提高绩效的关键是如何更好地利用企业已有知识，以及如何更有效地从外部获取新知识。组织中共享的知识从其来源上可分为新知识和现存知识两种。知识共享过程既包含新的知识探索（Knowledge Exploration），也包含现存的知识拓展（Knowledge Exploitation）。

一些学者研究认为，组织知识共享程度高会促使提升与知识相关的探索性和拓展性绩效。组织通过知识共享学习并利用新知识，转换成有形的新产品或新服务，满足新客户或新市场，这种创新是知识探索式的，因为它们需要新知识或者背离现有的技术，与之相关的组织绩效是探索性绩效（Exploration-related Performance）。同时，组织通过知识共享，对现有分散的知识进行新的整合，产生过程优化或成本降低，满足现有客户或现有市场，这种创新是知识拓展式的，利用现有知识，与之相关的绩效是拓展性绩效（Exploitation-related Performance）。根据以上讨论，提出如下假设：

假设3a：知识共享与探索性绩效呈正相关关系。

假设3b：知识共享与拓展性绩效呈正相关关系。

四、知识共享的中介作用

在人力资本与创新或创新绩效的关系研究中，学者普遍认为两者正相关。

知识相关绩效是知识积累和应用的产出，而知识存量与应用能力又与人力资本存量紧密相关。人力资本的提升通过人力资源管理实践开发和提高员工的知识与能力，对组织绩效产生影响。Marvel 和 Lumpkin（2007）研究科技创业者的人力资本对基础创新的影响，发现创业者的相关工作经验和正规教育水平均对基础创新有积极的显著影响，基础创新影响探索性绩效。Simonton（1999）认为，当个体拥有更多领域相关的专业知识时，通过增加能力产生解决问题方案，从而提高创新绩效。

社会资本对创新或创新绩效也具有显著影响。Scott 和 Bruce（1994）研究证明，领导—成员资源交换的质量、群体—成员资源交换的质量对于个体创新行为均有正向影响。Shalley（1995）比较处于独立工作状态和参与合作状态的两类不同个体，发现在创新绩效方面存在差异，发现团队成员的交流互动会提高个体创新的水平。信任是社会资本的核心，企业积累的大量社会资本有助于形成部门、团队、员工之间高度信任的网络关系，有力促进组织内部的交互学习，从而提升企业的创新能力。Collins 和 Clark（2003）研究发现，高管团队内部网络与外部网络的规模、强度和范围对公司的销售额增长和股票增长的影响不尽相同。

Panteli 和 Sockalingam（2005）认为，信任关系是组织间知识共享过程的核心，伙伴企业间缺乏必要的信任，将无法完成预期的创新绩效目标。Inkpen 和 Tsang（2005）指出，组织网络关系有助于促进组织间的知识共享和信息交流，有利于开发和吸收新技术，获得更高的创新绩效。此外，在探讨社会资本功能时，不论是 Nahapiet 和 Ghoshal（1998）的理论模型还是 Tsai 和 Ghoshal（1998）的实证研究，均以资源交换为中介，知识资源的交换（知识共享）是"资源交换"的具体表现。一些学者认为，应当对人力资本设立激励机制，有利于知识共享行为的发生，继而影响组织绩效。根据以上讨论，提出如下假设：

假设 4a：组织人力资本通过知识共享正向显著影响探索性绩效。

假设 4b：组织人力资本通过知识共享正向显著影响拓展性绩效。

假设 5a：组织社会资本通过知识共享正向显著影响探索性绩效。

假设 5b：组织社会资本通过知识共享正向显著影响拓展性绩效。

第三节　研究方法

一、数据收集与样本描述

本研究采用问卷调查方法收集数据。研究变量包括人力资本、社会资本、知识共享、知识相关的组织绩效。自变量和因变量都采用李克特式 1~5 的等级分值。问卷发放对象是企业的中高层经理，包括总经理、副经理、人力资源管理经理或主要部门经理。行业包括高新技术行业、制造业、服务业等，地点在上海、浙江与江苏等地。总共收到问卷 223 份，剔除无效问卷，有效问卷212 份，代表 212 家企业。在有效样本中，中外合资企业占 32.5%，外国独资企业占 20.8%，国有企业占 25.5%，民营企业占 15.1%，其他企业占 6.1%。样本的行业分布较广，制造行业包括传统和现代制造业占41.5%，高新技术行业包括计算机、电子和半导体占 28.8%，传统服务业包括交通运输、批发、零售等传统服务业占14.2%，现代服务业包括金融及咨询企业占 10.8%，其他占4.7%。

由于本研究数据收集采用问卷调查方法，可能存在影响研究结论的共同方法变异（Common Method Variance）问题。为此，采用 Harman 一因子测试来检验是否存在可能的共同方法变异问题。对本研究中测量变量的所有项目进行主因子分析，5 个因子总贡献率为 61.78%，第一个因子的方差解释率为13.62%，没有发现单一的因子，没有发现哪一个因子的方差比率占绝大多数，因此，本数据中不太可能存在显著的共同方法问题。

二、变量测量

人力资本参照 Subramaniam 和 Youndt（2005）的研究，并借鉴他们的量表，共 5 个项目，即我们的员工是"具有高专业技能""行业中广泛认为是最好的""具有创造性和聪明的""在其特定工作和职能中是专家"具有开发新技术新知识的能力。人力资本的 Cronbach's α 系数为 0.80。

社会资本参照 Subramaniam 和 Youndt（2005）与 Tsai 和 Ghoshal（1998）的量表进行借鉴与改编，包括结构资本、认知资本与关系资本三个因子，共 11 个项目。通过验证性因子分析，社会资本三维度结构模型拟合情况良好（$\chi^2/df = 1.676$，RMSEA = 0.06，GFI = 0.95，CFI = 0.98，NFI = 0.94，TLI = 0.96），社会资本总体的 Cronbach's α 为 0.89。

知识共享变量指组织中个体之间知识分享的程度，由 3 个项目构成，包括同部门同事之间的知识共享，同一公司不同部门同事之间的知识共享，与总公司或下属子、分公司同事之间的知识共享。每个项目采用 1~5 的等级程度，1—很低，2—低，3——一般，4—高，5—很高。三个项目的 Cronbach's α 为 0.70。

参考已有的相关研究，组织的知识相关绩效由探索性绩效和拓展性绩效两个维度构成。通过验证性因子分析，知识相关绩效的双因子结构模型整体拟合情况良好（$\chi^2/df = 1.596$，RMSEA = 0.05，GFI = 0.98，CFI = 0.99，NFI = 0.98，TLI = 0.99），知识相关绩效的总体 Cronbach's α 系数为 0.87。每个项目采用 1~5 的等级程度，1—很低，2—低，3——一般，4—高，5—很高。探索性绩效因子包括提高创新性、提高产品或服务质量、扩大新的业务领域三个项目，强调反映不断探索新知识有关的绩效。拓展性绩效因子包括组织收益增加、决策过程优化、成本降低 3 个项目，强调反映不断应用现有知识有关的绩效。

第四节　结果分析

本研究旨在研究企业人力资本、社会资本与知识共享及知识相关绩效的关系，变量的统计描述和研究变量之间的相关系数如表 9-1 所示。研究中使用 VIFs（Variance Inflation Factors）来检验多重共线性问题，与预测因子相关的 VIF 值在 1.504~2.184，是可接受的。

运用 Amos7.0，通过两步骤分析过程检验本研究提出的假设。首先，验证本研究两个核心变量：社会资本与知识相关绩效。其次，通过模型比较过程来评价结构模型。

表 9-1 变量的统计描述和研究变量间的相关系数

变量	均值	标准差	1	2	3	4	5	6
1. 人力资本	3.25	0.62	—	—	—	—	—	—
2. 结构资本	3.20	0.78	0.14**	—	—	—	—	—
3. 认知资本	2.91	0.77	0.18**	0.43**	—	—	—	—
4. 关系资本	2.98	0.72	0.15*	0.18**	0.19**	—	—	—
5. 知识共享	3.40	0.72	0.27**	0.27**	0.26**	0.22**	—	—
6. 探索性绩效	3.73	0.69	0.24**	0.30**	0.20**	0.17**	0.35**	—
7. 拓展性绩效	3.78	0.71	0.30**	0.15*	0.26**	0.18**	0.28**	0.51**

注：** 表示小于 0.01 的显著性水平（双尾），* 表示小于 0.05 的显著性水平（双尾）。

表 9-2 中是验证性因子分析的结果，七因子基准模型很好地拟合数据（$x^2/df = 1.73$，RMSEA = 0.06，GFI = 0.86，CFI = 0.93，NFI = 0.85，TLI = 0.92）。根据七因子基准模型，本研究测试了 3 个可替代的模型：模型 1 是六因子模型，将组织知识相关绩效合并为一个因子；模型 2 是五因子模型，将社会资本合并为一个因子；模型 3 是四因子模型，将知识相关绩效合并为一个因子，同时将社会资本合并为一个因子。如表 9-2 所示，拟合指数支持七因子模型。

表 9-2 测量模型的比较

模型	因子	χ^2	df	χ^2/df	RMSEA	GFI	CFI	NFI	TLI
基准模型	七因子	439.34	254	1.73	0.06	0.86	0.93	0.85	0.92
模型一	六因子。知识相关绩效合并为一因子	496.49	260	1.91	0.07	0.85	0.91	0.83	0.90
模型二	五因子。社会资本三因子合并为一因子	620.92	265	2.34	0.08	0.81	0.87	0.79	0.85
模型三	四因子。知识相关绩效合并为一因子，社会资本三因子合并为一因子	677.10	269	2.52	0.09	0.79	0.85	0.77	0.83

两个核心变量的信度与效度的验证，如表 9-3 所示。首先，社会资本的 3 个潜变量的组合信度（Composite Reliability）都大于 0.60，知识相关绩效的 2 个潜变量的组合信度也都大于 0.60，表明 5 个潜变量具有很高的内部一致性，也表明社会资本三因子模型与知识相关绩效双因子模型的内在质量理想。其次，根据 Fornell 和 Larcker（1981）的建议进行收敛效度（Convergent Validity）

与区分效度（Discriminant Validity）的检验。社会资本三因子的平均方差抽取量（Average Variance Extracted，AVE）分别是 0.62、0.58 与 0.48，知识相关绩效双因子的 AVE 分别是 0.50 与 0.71，其中，只有关系资本的 AVE 略小于 0.50，其他均大于 0.50，表示量表具有较理想的收敛效度。由于此 5 个潜变量与其他潜变量之间的相关系数均小于该潜变量 AVE 的平方根，说明潜变量间具有良好的区分效度。

表 9-3　社会资本与知识相关绩效变量测量

	潜变量	Cronbach's α	因子载荷	组合信度	AVE
社会资本	结构资本	0.86	—	0.86	0.62
	员工与来自公司不同领域的人互动、交流	—	0.71	—	—
	员工与客户、供应商和联盟伙伴等合作，开发解决方案	—	0.82	—	—
	员工共享知识和信息，并相互学习	—	0.81	—	—
	员工相互合作，诊断并解决问题	—	0.79	—	—
	认知资本	0.85	—	0.85	0.58
	员工对专业领域的符号、用语、词意都很清楚	—	0.77	—	—
	员工明确组织的共同目标，并积极完成集体工作任务	—	0.73	—	—
	员工共享组织的愿景	—	0.78	—	—
	员工对工作中所涉及的工具和方法都很熟悉	—	0.77	—	—
	关系资本	0.71	—	0.73	0.48
	员工面对改变，相互支持	—	0.65	—	—
	组织氛围支持员工提出新观点、尝试新的做事方式	—	0.81	—	—
	员工在工作中相互信任	—	0.59	—	—
组织绩效	探索性绩效	0.75	—		0.50
	提高创新性	—	0.70	—	—
	提高产品或服务质量	—	0.68	—	—
	扩大新的业务领域	—	0.72	—	—
	拓展性绩效	0.87	—	0.88	0.71
	增加收益	—	0.72	—	—
	优化决策过程	—	0.94	—	—
	降低成本	—	0.85	—	—

为了检验假设 1 与假设 2，以组织人力资本和社会资本为自变量，知识共享为因变量构建结构方程模型。模型的拟合指数理想（$x^2/df = 1.77$，RMSEA = 0.06，GFI = 0.87，CFI = 0.93，NFI = 0.85，TLI = 0.91），人力资本对知识共享的影响是积极和显著的（$\beta = 0.27$，$p < 0.05$），社会资本的结构资本、关系资本与认知资本对知识共享的影响也是正向显著的（$\beta = 0.30$，$p < 0.01$；$\beta = 0.24$，$p < 0.05$；$\beta = 0.24$，$p < 0.05$），假设 1 和假设 2 得到支持。

为了检验假设 3，构建知识共享和组织绩效的结构方程模型。模型的拟合指数理想（$x^2/df = 1.62$，RMSEA = 0.05，GFI = 0.96，CFI = 0.98，NFI = 0.96，TLI = 0.98）。分析结果如下：知识共享对探索性和拓展性绩效有正向的显著影响（$\beta = 0.90$，$p < 0.01$；$\beta = 0.83$，$p < 0.01$），知识共享对两种绩效的影响系数 β 也稍有不同，知识共享对探索性绩效的影响要略强于对拓展性绩效的影响，假设 3 得到支持。

判断自变量对因变量是否有显著影响，构建人力资本、社会资本与知识相关绩效关系的结构方程，数据分析结果显示，人力资本对探索性绩效（$\beta = 0.24$，$p < 0.05$）与拓展性绩效（$\beta = 0.27$，$p < 0.01$）有显著的正向影响，社会资本中结构资本、关系资本、认知资本对探索性绩效（$\beta = 0.37$，$p < 0.01$；$\beta = 0.23$，$p < 0.05$；$\beta = 0.21$，$p < 0.05$）与拓展性绩效（$\beta = 0.21$，$p < 0.05$；$\beta = 0.27$，$p < 0.01$；$\beta = 0.20$，$p < 0.05$）也都有积极的显著影响，模型有理想的拟合指数（$x^2/df = 1.32$，RMSEA = 0.04，GFI = 0.89，CFI = 0.97，NFI = 0.89，TLI = 0.96）。

假设 4 和假设 5 预测组织人力资本与社会资本通过知识共享对知识相关绩效的中介作用，通过以下嵌套模型比较来检测，表 9-4 为结构方程模型比较结果。

表 9-4 结构方程模型的比较

模型与结构	x^2	df	x^2/df	Δx^2	RMSEA	GFI	CFI	NFI	TLI
1. HC+SC—>KS—>ERP+ETP	337.71	257	1.31	—	0.04	0.89	0.97	0.89	0.96
2. HC+SC—>KS—>ERP+ETP，HC—>ERP+ETP	337.38	255	1.32	0.33	0.04	0.89	0.97	0.89	0.96

模型与结构	χ^2	df	$\chi^2/$df	$\Delta\chi^2$	RMSEA	GFI	CFI	NFI	TLI
3. HC+SC—>KS—>ERP+ETP，SC—>ERP+ETP	336.27	251	1.34	1.44	0.04	0.89	0.97	0.89	0.96
4. HC+SC—>KS—>ERP+ETP，HC+SC—>ERP+ETP	326.73	249	1.31	10.97	0.04	0.89	0.97	0.89	0.96
5. KS—>HC+SC—>ERP+ETP	337.84	257	1.32	—	0.04	0.89	0.97	0.89	0.96
6. ERP+ETP—>KS—>HC+SC	463.83	263	1.76	—	0.06	0.87	0.93	0.84	0.91
7. ERP+ETP—>HC+SC—>KS	454.85	257	1.77	—	0.06	0.87	0.93	0.85	0.91
8. HC+SC+KS—>ERP+ETP	494.71	253	1.96	—	0.07	0.86	0.91	0.83	0.89

注：HC 为人力资本；SC 为社会资本；KS 为知识共享；ERP 为探索性绩效；ETP 为拓展性绩效。

模型 1 为完全中介模型，并将其作为基准模型。我们设定路径从人力资本与社会资本到知识共享，再从知识共享到探索性绩效与拓展性绩效，这个模型没有从人力资本与社会资本到探索性绩效与拓展性绩效的直接路径。如表 9-4 显示，所有拟合指数都显示出一个好的模型拟合（$\chi^2/$df = 1.31，RMSEA = 0.04，GFI = 0.89，CFI = 0.97，NFI = 0.89，TLI = 0.96）。

相对于基准模型，本研究又测试了三个嵌套模型。在模型 2 中，添加从人力资本到探索性绩效与拓展性绩效的直接路径；模型 3 在模型 1 的基础上添加从社会资本到探索性绩效与拓展性绩效的直接路径；模型 4 中添加了从人力资本与社会资本到探索性绩效与拓展性绩效的直接路径，构成了部分中介模型。模型 1 是嵌套于模型 2、模型 3 或模型 4 中。如表 9-4 所示，模型 1 与模型 2、模型 3 或模型 4 间的模型比较 $\Delta\chi^2$ 不显著的。因此，根据模型简约性的原则，结果表明模型 1 是数据的最佳拟合。结论是知识共享完全中介人力资本、社会资本与知识相关绩效的关系，如图 9-1 所示。

模型 5 至模型 8 是可替代模型，但不是嵌套在上述四个模型中。可替代模型用以评估改变结构次序后产生的影响。以人力资本与社会资本作为知识共享与知识相关绩效关系的中介构建模型 5，虽有好的模型拟合（$\chi^2/$df = 1.32，RMSEA = 0.04，GFI = 0.89，CFI = 0.97，NFI = 0.89，TLI = 0.96），但是认知资本对探索性绩效的影响却是不显著的。模型 6 检测知识相关绩效对人力资本与

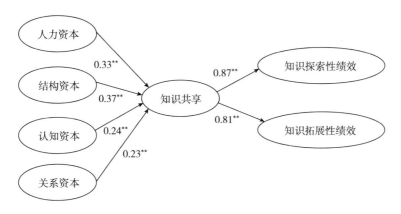

图9-1　知识共享为中介的结构方程模型结果

注：＊＊表示 $p<0.01$，＊表示 $p<0.05$。

社会资本的影响，知识共享作为中介变量。模型7检测人力资本与社会资本完全中介知识相关绩效与知识共享之间的关系，模型6（$\chi^2/df=1.76$，RMSEA = 0.06，GFI = 0.87，CFI = 0.93，NFI = 0.84，TLI = 0.91）与模型7（$\chi^2/df=$ 1.77，RMSEA = 0.06，GFI = 0.87，CFI = 0.93，NFI = 0.85，TLI = 0.91）的拟合结果不如前几个模型理想。模型8检测人力资本、社会资本与知识共享对知识相关绩效的直接影响，模型拟合指数（$\chi^2/df=1.96$，RMSEA = 0.07，GFI = 0.86，CFI = 0.91，NFI = 0.83，TLI = 0.89）不如基准模型。

　　总之，表9-4显示的结果支持了假设4与假设5，图9-1显示，人力资本到知识共享的系数是显著的（$\beta=0.33$，$p<0.01$），结构资本、关系资本与认知资本到知识共享的系数是显著的（$\beta=0.37$，$p<0.01$；$\beta=0.23$，$p<0.01$；$\beta=0.24$，$p<0.01$），知识共享到探索性绩效与拓展性绩效的系数也是显著的（$\beta=0.87$，$p<0.01$；$\beta=0.81$，$p<0.01$）。

第五节　结论与讨论

　　本研究以212家企业为对象，检验组织人力和社会资本对知识共享的作用，进而检验通过知识共享对探索性和拓展性绩效的作用。本研究得出的结论如下：①改编并验证了组织社会资本的三维度结构，即结构资本（鼓励建立交流网络、鼓励合作及学习、促进知识共享）、关系资本（相互信任、相互支持、敢于尝试的组织氛围）与认知资本（具有共有语言、明确组织目标、共同组织愿景），数据分析表明量表有良好的效度和信度。②提出并检验知识相关绩效的两维结构。本研究通过探索性及验证性因子分析，将组织绩效分为两维结构，即探索性绩效和拓展性绩效。探索性绩效强调与探索和应用新知识直接相关的组织绩效；拓展性绩效强调与整合和应用现有知识相关的组织绩效。③提出并检验了人力资本、社会资本对知识共享、组织绩效的影响。研究发现，鼓励网络互动与合作学习、营造信任与支持的氛围、明确目标及共有语言，有利于促进知识共享、探索性与拓展性绩效，其中结构资本的影响程度稍大于其他两种；知识共享对探索性与拓展性绩效有积极显著的影响，对探索性绩效的影响略大于拓展性绩效。④检验知识共享的中介作用。结构方程模型拟合结果表明，人力资本通过知识共享显著影响探索性与拓展性绩效，社会资本中结构资本、关系资本与认知资本通过知识共享显著影响探索性与拓展性绩效。模型比较表明，知识共享在人力和社会资本与探索性和拓展性绩效之间的关系中起到完全中介的作用。

本研究结论对管理实践具有较重要的启示性意义，随着知识经济的不断发展，企业越来越依赖由知识和知识管理获取竞争优势，企业如何利用外部及自身资源，通过知识共享帮助企业提高绩效，是企业面临的迫切和重要问题。本研究建议：①企业应充分发掘各种途径培育及提升人力资本与社会资本。结合企业发展积极引进优秀人才，通过在职培训、脱产学习等方式提升人力资本；主动构建同行业、上下游及科技部门的社会网络，企业内应鼓励建立交流网络，促进知识共享，使员工明确组织的愿景和目标，营造相互信任、相互支持与敢于尝试的组织氛围，提升组织社会资本。②企业应提升人力资本与社会资本的管理能力。企业人力资本、社会资本管理能力在很大程度上影响人力资本和社会资本水平的高低。首先，建议企业构建和重视知识驱动的人力资源管理系统，在人员选拔中应注重候选人的胜任力、学习和成长潜力，建立多样性的培训与开发体系，增强绩效评估的未来导向功能。通过发挥人力资源管理系统的作用，提高人力资本的管理能力。其次，培养企业构建社会网络及掌控社会网络未来发展趋势的能力，例如，根据竞争对手、合作伙伴的发展，及早发现供应链网络中给企业带来负面影响的节点，及时剔除及替换，以保证企业自身的健康发展，避免不必要的损失。③企业应充分发挥知识共享的作用，进而提高探索性与拓展性绩效。重视企业外部网络的知识传导作用，更充分地吸收和共享知识。企业内部应重视知识库系统的开发与利用，建立管理机制，使知识能够更好、更安全地获取与共享，使个体知识转化为组织知识，并根据企业需求进一步整合及创造，继而提高探索性与拓展性绩效。

第十章　国外派遣用工制三方关系及其管理研究与启示

第一节　研究目的

组织资本中人力资本相关主题企业员工灵活用工的研究探讨。

随着市场竞争的不断加剧和新《中华人民共和国劳动合同法》的实施，许多企业为了降低用工成本和规避法律风险，大量使用派遣工。然而，由于代理市场的不成熟和相关法规的不健全，部分企业不规范使用甚至滥用派遣工，使得派遣工的权益难以得到保障，直接影响和谐劳动关系的构建和发展。相比之下，国外派遣用工制度的历史较长，其制度和体系也相对完善。国外学者对派遣用工制及其三方关系与管理，做了较广泛而深入的研究。而目前国内涉及派遣用工的研究较为薄弱，更多集中于对现阶段派遣用工问题和现象的描述或短评。因此，系统地对国外派遣用工研究成果进行梳理和分析，将为规范和发展我国派遣用工制度提供借鉴和启示。

第二节　派遣用工制及其三方关系

在国外，派遣用工是一种临时代理用工。临时代理工作可定义为员工、代理和用工单位间的三方关系，既涉及员工与代理间的雇佣协议，也涉及代理与用工单位间的商业合约，前者规定雇佣条款和条件，后者涉及规范雇佣服务的销售（Vosko，2010）。这种安排实质是代理派遣工完成用工单位的任务。这种派遣用工制是灵活用工安排的一种重要形式，可以确保较低的劳动成本、更紧凑的人员配备、较高的设备利用率和人员机动性，以及较少的生产中断和瓶颈（Blyton，1992）。企业通过派遣用工制，能在不断变化的市场环境中进一步提高调整人力水平的能力（Volberda，1998），同时满足员工对灵活工作时间的愿望（Kalleberg et al.，2003）。

派遣用工制中的用工单位、代理机构和派遣工三方各有其主要特点。在用工单位方面，制造业对派遣工的需求最为旺盛（Coe et al.，2010）；在用工单位的岗位设置上，技术或劳动岗的派遣工较多，如物业管理、运输搬运、设备清洁和维修服务等（Kalleberg et al.，2003）。在代理机构方面，根据提供服务的方式和需要外部化的工作类型，可将代理机构进一步细分为常规性次要职位代理和专家代理（Purcell et al.，2004），前者涵盖范围很广，并以寻求大订单为主，后者则主要提供专业技能要求较高的职位，即"外部专家"工作（Dess and Shaw，2001），这种代理强调服务质量和长期关系投资（Dyer and Singh，1998）。派遣工本身具有以下主要特点：一是派遣工的收入普遍偏低（Nienhüser and Matiaske，2006），附加福利通常较少甚至没有（Kvasnicka and Werwatz，2003）；二是派遣工的受雇期比直接雇员更短，并且从事不规律工作的派遣工的比例也远高于直接雇员（Underhill and Quinlan，2011）；三是派遣工中的女性比重偏多（Gaston et al.，2007）；四是大部分派遣工的资质较低（Mitlacher，2008），这主要因为他们的受教育水平偏低（Robert et al.，2005）。此外，派遣工中外国人比例也比直接雇员中的高（Mitlacher，2008）。

派遣用工制中的三方关系涉及三组两两关系：派遣工与用工单位、派遣工与代理机构、用工单位与代理机构。国外文献对这三方关系的特点、现象及问题进行了研究。

一、派遣工与用工单位

派遣工与用工单位关系的特点主要体现在以下几方面：

首先，在雇佣时间和报酬方面，派遣工的总报酬常与受雇于用工单位的年数有关。例如，在德国，由于派遣工的雇佣时间相当短，从而导致他们不够资格享有某些报酬。Rubery 等（2002）认为，随着时间推移以及派遣工与核心员工的日渐融合，工资差异仅基于雇佣地位而非技术水平的做法会变得站不住脚。为了提高代理工作的质量，需要额外的非金钱奖励，如为派遣工提供一个固定岗位。

其次，在雇佣中的社会关系方面，临时派遣工与同事和上级社会交往的机会有限。例如，在德国，30%的临时派遣工在用工单位与固定员工的关系欠佳（Wieland and Grüne，1999）。Mitlacher（2008）研究发现，临时派遣工的地位比核心员工低，例如，许多临时派遣工声称缺乏单位核心员工同事的尊重和认可，这易导致他们产生不公平感和不满情绪。如果心理契约被频繁违背，工作认同和质量便会受到影响。Rousseau（1995）研究显示，派遣工比固定员工更可能有交易型而非关系型心理契约。交易型心理契约与关系型心理契约均由可感知的义务构成，但对于前者，这种义务是短期的、特定的、经济导向的（Kraimer et al.，2005）；而后者，这种义务基于相互间的信任、认同和忠诚，是长期导向的（DeMeuse et al.，2001）。

最后，在用工单位的工作角色外行为方面，自愿从事临时工作，尤其是那些倾向于尽快找到长期工作的派遣工会对用工单位表现出最高程度的角色外行为，这可能因为越来越多的用工单位开始部分或全部采用短期转长期的雇佣方式，使用工组织被视为一个潜在的长期雇主 George et al.，2010）。例如，在美国（Houseman et al.，2003）和日本（Gaston，2007），有的企业筛选派遣工来任职全职岗位，这让人相信，从临时或兼职雇佣转向长期全职雇佣是可行的。派遣工对用工单位会比对代理机构表现出更多的角色外行为，这种角色外行为会随着与用工单位接触的增多而增多。对用工单位的角色外行为会比对代理机构的角色外行为给派遣工带来更多的报酬，因为后者只与聘期有关，而前者则与工资增长、每周工时相关。

二、派遣工与代理机构

派遣工是由代理公司直接派往用工单位。这两者之间关系的特点具体表现在以下方面：

首先，在代理机构对派遣工的开发方面。通常代理机构为派遣工提供的培训相对较少，如临时工作代理中参加外部研讨会的核心雇员的比例为64%，而派遣工参加比例仅有28%；除接受更少的培训外，在培训内容上，派遣工接受的更多的是专门的技术性知识，而很少涉及通信、IT以及可转移的商业技能培训（Mitlacher，2008）。许多派遣工缺乏内部培训的渠道，如参加包括职业提升的人员开发项目（Lautsch，2002）。在健康和安全方面，存在安排培训不足的临时派遣工从事高危险工作的事实。Wieland和Krajewski（2002）的研究显示，在德国，派遣工反映背痛、失眠的比例都远高于整体劳动力中的比例。

其次，在代理机构对派遣工的雇佣期方面。派遣工与临时工作代理的雇佣关系持续时间通常较短。例如，在德国，仅有13%的临时派遣工的临时工作代理超过一年，而在其他行业，75%的工人留在雇主那里的时间会超过一年（Mitlacher，2008）。派遣工中较高的流动率也反映出了其工作的不安全。

三、用工单位与代理机构

研究表明，用工单位使用代理机构的原因主要包括：降低雇佣成本（Davis-Blake and Uzzi，1993）、满足灵活用工需求（Houseman，2001）、获取短缺技能的员工（Kalleberg et al.，2003），以及用于筛选正规岗位候选人（Houseman，2000）或躲避裁员（Kalleberg et al.，2003）等。此外，考虑到组织规模、劳动力组成结构等因素，大型组织（Davis-Blake and Uzzi，1993）和女性全职员工比例较高的公司（Kalleberg and Schmidt，1996）也更可能使用代理机构提供的灵活用工安排。

用工单位与代理机构之间的关系主要基于人事租赁合同。该合同要求用工单位支付租赁费来获得直接使用临时派遣工的权利。Hoque等（2008）指出，许多行业越来越倾向采用与代理合作式的合约关系，这种关系形式主要包括"主供应商"和"合作伙伴"。前者是指用工单位指定唯一代理机构，以较低的价格满足用工单位的所有需求，从而体现出一种"优先的、大批量供给关系"（Druker and Stanworth，2004）；后者关系则更近一步，代理机构提供的不仅是招聘和"工资单"服务（Davidov，2004），还有一系列人力资源活动，如现场监督和代表用工单位培训等。

用工单位与代理机构之间更多的合作，在实现雇主责任或行政服务外包的同时（Davidov，2004），也可以减少用工单位的购买成本，有助于提高配置匹配质量。Hoque 等 (2008) 认为，理论上，用工单位和代理机构的合同里包含更多"属性"而不仅是"价格"，从而提供一个具备更多"约定"的模式，以尽可能降低配置匹配的风险。

第三节　派遣制中雇佣问题与雇主责任

一、派遣制中雇佣问题

与传统的单一雇佣模式相比，派遣制涉及三方主体的复杂关系，相应地，雇佣问题也更为复杂。

首先，三方雇佣关系中缺乏民主。这个问题既存在于用工单位，也存在于代理机构，前者决定了派遣工应该做什么并对其进行管理监督，后者控制了派遣工的上岗时间和地点。这种民主缺乏所产生的不对称，使得派遣工难以控制自己的工作生活，因而更需要获得保护 (Davidov, 2002)。

其次，用工单位过度关注人工成本问题。在使用派遣工时，用工单位关注的重点是"财务控制" (Goold and Campbell, 1987)，即把派遣工当作一种"成本"，不愿视为人力资本投资，只是在需要时购买。这也意味着用工单位希望派遣工能直接工作，而不会给他们提供足够的调整时间和对任务的熟悉过程；加之用工单位不注重派遣工与固定员工间的沟通交流，这便导致派遣工不仅对用工地点和任务陌生，而且在工作场所缺乏发言权，在培训、晋升和薪酬方面也常常处于不利的地位 (Soltani et al., 2009)，甚至因为交流不畅而对组织产生敌意。

最后，代理机构存在的主要管理问题。这些问题主要包括：①潜在风险，由于对派遣工缺少监管和培训 (Rebitzer, 1995)，常导致派遣工在经验不足、资格证书较少的情况下，承担着更高危险性的工作 (Louie et al., 2006)。②部分代理机构迫于同行的竞争会贸然派遣员工 (Underhill and Quinlan, 2010)，导致派遣工的身体素质、技能和经验与用工单位需求不匹配 (Allen et al., 2002)。③一些代理机构面临经济和报酬压力时，会回避对员工免受歧视的保护，甚至随时解雇受伤或请假需要康复的员工，或者迫使他们带伤工作，从而出现工作过度、偷工减料等现象，这也令派遣工产生不安全、不稳定感。④代理机构常不遵守规章制度，这可能是由于缺乏有关知识，或者缺少遵守制度的文化氛围，譬如很多代理机构经常会漠视派遣工在职业健康和雇佣安全方面所应该拥有的基本权利。尤其是对那些较小的代理机构雇主，由于只有最低限度的固定资本，面临起诉威胁时便会选择倒闭，然后以另一法律身份再次开业（Underhill and Quinlan，2011）。

以上这些问题常会产生用工单位和代理机构在工资、雇佣条件、安全性乃至工会关系方面的压力（Davidov，2004），从而给派遣工带来不稳定和不安全的工作生活，也导致派遣工的低组织承诺、低忠诚度以及对工作的不满。

二、雇主责任

雇用问题根本上源自这种用工制度雇用与使用相分离的特性。因为派遣工在为用工单位提供劳务，并受用工单位监督的同时，却是与代理机构签订雇佣合同，由其支付报酬，这就很难以传统方式来明确雇佣关系和雇主责任。所以，要解决上述管理中存在的问题，关键是要明确派遣用工制中的雇主角色及责任。

将谁视为派遣工的雇主，不同国家有不同倾向。Davidov（2004）指出，在英国，认为雇主既不是用工单位也不是代理机构；在大部分欧盟国家，通常认为代理机构是雇主；而在加拿大，则认为用工单位是雇主；在美国，常把两者都当作雇主。此外，不同国家地区的监管方针也存在一定的差异。针对如何防止滥用临时工作代理系统以保护派遣工，大部分欧盟国家通过专门法规加以详细说明；而在北美洲，采取的是明确用工单位为雇主的方法；在以色列，则将两种方法相结合加以利用。英国是唯一没有任何措施来阻止雇主为逃避责任而简单地使用临时工作代理的国家。英国法院主张，如果用工方和员工间没有任何合同证明，不能因存在控制而得出雇佣状态的存在。这便导致英国的派遣工既非代理机构的员工也非用工单位的员工。因此，在英国，派遣工通常不叫"雇员"，尽管"雇员"地位是毫无疑问的，问题就在于谁承担雇主的责任。

一般来讲，在大多数国家，法院和立法机构都认为临时工作代理在三方关系中是合法雇主。因为三方关系中只有代理能提供给派遣工一定程度上的稳定关系。虽然这种关系很小，但只有作为代理机构的雇员，才能够受雇足够长时间，以有资格享受一些基本权利和福利。并且，关于契约（尤其是安全方面），这些派遣工也只能与代理机构进行集体谈判。

然而，一些用工单位会利用上述把代理机构视为雇主的观点，回避责任，形成对临时工作代理的滥用。其中的一个极端例子便是"工资单"系统。对此，许多欧盟国家在保留代理作为合法雇主这一角色的同时，立法实施了三项措施加以防范（Storrie，2002），具体包括：一是对代理的使用加以限制，如仅限于传统角色；或者限定雇佣时长，如在法国是 18 个月（Davidov，2004）；此外，也有对通过代理雇佣派遣工的原因加以限制，如比利时只允许在代替固定员工、应对临时增加的生产活动或者从事额外工作的情况下，使用派遣工（Davidov，2004）。二是将滥用动机最小化，这包括使派遣工有权在工资以及某些工作条件上享有与用工单位的员工同等的权利（Storrie，2002）；允许派遣工有权利参与用工单位的工会等活动；或者在健康和安全方面，对用工单位规定了特定的雇主责任；此外，大部分国家规定代理必须有执照，这常常涉及财务担保存款，从而尽可能减少破产和不正当行为的发生。三是当派遣工的雇佣已经偏离立法要求时，许多欧盟国家明确用工单位是法律意义上的雇主。

上述最后一条措施深受美国青睐。美国法律有"单一雇主"和"联合雇主"两个概念。当对一些与雇佣关系相关的事务，如雇用、解雇、监督、纪律和指导等影响较深的时候，才会被视为雇主。如果上述事务需要两个主体共同承担，劳动委员会和法院愿意把他们视为"联合雇主"，这一概念已经在美国《公平劳动标准法案》以及其他保护性法规中获得使用（Dennard and Northup，1994）。

结合欧盟和北美洲做法的典型是以色列。2001 年 6 月，以色列立法规定派遣工的工资和工作条件必须与用工单位员工相同；并且，在用工单位工作满 9 个月后，用工单位必须成为其合法雇主。

综上，对于派遣工的保护，谁支付薪水或谁在合同条款下顶着雇主的名号并不重要，重要的是谁控制雇员，使其受制于某种程度上非民主的体制，并在经济和社会心理需求上产生依赖。正如 Davidov（2002）指出，劳工保护和雇佣规章是为了限制民主缺乏的程度以及修正这些不合理的结果，而保护派遣工的责任更应该落在那些从派遣工身上获利的人。

虽然存在民主缺乏，但在经济和社会心理需求上，派遣工却又对代理机构和用工单位存在依赖性。这是因为代理机构决定了派遣工在某个特定任务完成后是否会有下一步工作，并且在某种程度上，代理机构的持续工作供给是派遣工实现社会心理需求的先决条件。当工作呈现出临时性，员工经常从一个用工单位转移到另一个，代理机构和用工单位双方都应该被视为雇主。因此，对于雇主责任问题，就产生了两种解决方法：一是将责任在代理机构和用工单位间做分割，二是所有责任由两方共同承担。

在欧洲，大多采用责任分割方式，其中，代理机构承担了大部分的雇主责任。根据 Deakin（2001）的观点，用工单位应该承担与健康和安全保障等方面相关的义务；而代理机构应该为派遣工提供取得津贴等福利的渠道，以及更多连续雇佣的机会。

由于存在民主缺乏，对用工单位和中介机构的责任分割一定更复杂，并且可能无法真正保护派遣工。因此，对待某些问题，如缴税或失业保障，立法必须将雇主角色明确到一特定实体以避免混乱。但当用工单位需要为代理机构违背义务的行为负责时，雇主义务由用工单位和代理机构共同分担的做法更为有效（Underhill，2010）。例如，在英国，用工单位使用无执照的工头要受到惩罚；在供应链管理中，主承包商要对分包商欠薪的行为负责（Nossar，2006）。

Underhill（2010）认为，这种共同承担责任的方式会产生以下几种结果：一是在最低工资方面，一旦被视为联合雇主，代理机构和用工单位必须相互协调以确保遵从最低工资法。如果代理机构破产，或因其他原因而不能支付派遣工最低工资，则应该由用工单位支付。二是在工作时间方面，用工单位在使用派遣工的时候（包括加班），应该作为雇主承担主要责任，而当员工从一个用工单位转移至另一个用工单位时，代理机构应该在这种不同的任务过程中作为雇主予以负责并遵从相应法律。三是在集体议价方面，关于工作分配上的权利，派遣工只能与代理机构进行讨论，但在提高工资、改善工作环境等方面，他们与固定员工一样，都会与用工单位进行交涉。这既适合传统的安排，也适合那些更接近"工资单"角色的安排。那些仅通过根除用工单位工作场所雇佣权利获得竞争优势的代理也再难以幸存。这最终导致这个产业的重组，因为以低雇佣标准为基础的较小的代理机构会失去成本优势。四是在解雇和工作歧视等问题上，考虑到法律风险，用工单位因起诉风险，一般比较谨慎要求代理机构开除工会会员。五是关于因工受伤的派遣工，雇主不能以没有合适地方为由解雇他们。六是在对代理机构的要求方面，由于用工单位承担同等的雇主责任，他们可能会通过减少对代理机构的依赖而去寻找雇主地位的潜在利益，如雇员承诺，甚至会重新考虑对代理机构的使用。因此，为了提高自身的竞争优势，代理机构需要进一步提高自身服务质量，包括服务的可靠性与便利性、拥有的派遣工素质以及人际支持等（Liu et al.，2010）。

第四节　总结与启示

通过上述的文献研究，发现国外派遣用工制历史较长，学者对这种用工制度的特点、问题及解决方式进行了深入研究。本研究通过对国外相关研究文献的回顾，对派遣用工制度中用工单位、代理机构和派遣工的三方特点及相互关系进行了阐述，在此基础上，分析了派遣制中存在的雇佣问题，探讨了双重雇主的责任。

通过对国外相关研究文献的回顾与评述，得到以下几点启示：

首先，应通过健全相关法规，明确用工单位和代理机构的联合雇主责任并防范滥用，从根本上保护派遣工权益。

一方面，通过立法直接限制用工单位对代理的使用，如使用仅限于传统角色，同时，对雇佣时长以及使用派遣工的原因等加以限制。并且，进一步明确用工单位在派遣工的节假日休息、安全健康等方面的雇主责任。另一方面，通过立法直接规定派遣工在工资、工时、工作条件以及参与工会活动等方面享有与用工单位固定员工同等的权利，使不遵守规章的行为和滥用动机最小化。此外，为尽可能地避免破产和不正当行为的发生，可以规定代理机构必须有执照和财务担保存款等。

其次，用工单位要寻找雇主地位的潜在利益。

当用工单位承担同等的雇主责任时，他们可能通过减少对代理机构的依赖来寻找雇主地位的潜在利益，如雇员承诺。管理者不再只关注"财务控制"，而是把灵活就业员工视为人力资本投资。用工单位应通过缩短工资差距或提供附加福利，如提供派遣工转正机会，以及在职业健康安全（Occupational Health and Safety，OHS）方面承担更多责任，来增加派遣工的满意度和忠诚感，进而提高派遣工的工作质量。另外，在用工单位内部，人力资源管理不能仅限于核心雇员，也要包含派遣工。可以通过搭建各类交流渠道以及鼓励开展与任务无关的互动来增加派遣工与核心员工间的交流，从而尽可能地规避上文提及的陌生感和交流障碍等因素的影响。正如 Mitlacher（2008）所指出的，用工单位对正式和非正式员工间的同事关系越支持，派遣工的工作质量便会越高。这种社会关系的改善对派遣工和用工单位双方都有益。

最后，临时代理机构要从服务质量、专业化程度等方面不断提高竞争优势，而非成本优势，并与用工单位更紧密合作，提高岗位匹配质量。

代理机构的服务质量包括服务支持力、可靠性、有形性和人际支持等方面。服务支持力表示代理机构对派遣工给予个性化关注，在绩效评估、任务分配以及确保派遣工利益优先等方面提供援助；可靠性体现在代理机构的信誉度和对承诺的遵守等方面；有形性是指代理机构设施和工作人员的实体存在；人际支持则表现在代理机构工作人员的礼貌程度，以及灌输信任、自信的程度（Liu et al.，2010）。另外，如果代理机构为派遣工提供更多的职业技能培训和职业生涯指导，可以进一步提高派遣工的胜任力，尤其是对从事高危险工作的临时派遣工，应该提供更充足的培训，确保他们的职业健康安全。提高代理机构的服务质量，不仅会提升自身信誉，也有助于吸引和保留高质量员工，提高派遣工的忠诚感，进而产生关系型心理契约，这对用工单位、代理机构和派遣工三方均有益。

同时，注重提高专业化程度，鼓励专家代理的发展，充分了解该领域的雇佣双方，不断加大对外部专家和其他具有特殊技能的劳动力的储备，并把自己作为企业间关系网的一部分，积极重视长期关系投资。在匹配质量上，与用工单位发展更多更紧密的合作，在与用工单位的合同里包含更多"属性"而不仅是"价格"，从而提供一个具备更多"约定"的模式，以尽可能降低配错位的风险。

第五篇

团队与个体跨层次研究：学习文化、无形资本等与创新的关系

第十一章 创造力由个体向团队涌现的边界机制：目标共享与多元化视角

第一节 研究目的

团队层次的目标共享与多元化对应二元组织文化的两维度：组织多样性和共同愿景。本研究继续在团队层次进行研究。

员工创造力是组织创新和竞争优势的重要来源（Amabile，1988；Shalley and Zhou，2004）。现代组织越来越依赖于团队工作形式来促使员工创造力的提升和组织创新，组织多以团队或项目小组为基本的工作单位。团队创造力源于个体创造力，但又不是个体创造力的简单加总，而是通过团队个体成员与团队情境因素的互动作用，发挥"1+1＞2"的集体凝聚力量，达到团队整合的效果。

在研究个体创造力和团队创造力之间关系时，现有研究较多考虑团队创造力对个体创造力的由上而下的影响，而往往忽略考虑由下而上的另一个重要问题，即个体创造力是如何影响团队创造力的（Gong et al.，2012），由下而上的问题涉及多层次的涌现机理（Rousseau，1985）。个体创造力反映的是个体如何创造性地完成他们的任务（Amabile et al.，1996；Gong et al. 2012），团队创造力首先需要成员个体具备创造力（Drazin et al.，1999），同时，团队创造力又不仅仅是个体创造力的平均值。团队创造力是个体创造力在团队情境中作用的结果（Woodman et al. 1993；Drazin et al.，1999）。Woodman 等（1993）指出，个体创造力的提升有助于团队创造力的提升，然而，个体创造力形成团队创造力过程中的边界机制却很少得到实证检验。

目前，已有个别研究发现，团队创新氛围是个体创造力到团队创造力涌现过程中的中介因素（Gong et al.，2012）。然而，Woodman 等（1993）指出，个体创造力如何形成团队创造力受团队情境影响，并认为团队构成（如多样性）和团队特质（如共享团队目标）是影响团队创造力的重要因素。团队功能多样性和成员人格多样性是团队多样性的主要体现。团队多样性一方面为团队提供异质性知识（Mumford，2011），另一方面可增加团队过程中的冲突（Ancona and Caldwell，1992）。学者们在研究团队功能多样性对团队创造力的影响时亦得出不一致的结论，如一些研究发现功能多样性给团队创造力带来积极结果（Fay et al.，2006；Keller，2001），而 Ancona 和 Caldwell（1992）却发现功能多样性高的团队，其创新结果却低。Ancona 和 Caldwell（1992）认为，功能多样性对团队创新结果的负向影响主要是因为团队目标清晰度低。因此，本研究将结合共享团队目标与团队多样性，研究个体创造力在涌现成团队创造力过程中的边界机制。

本研究主要目的是根据创造力跨层次涌现原理，分析和揭示个体创造力影响团队创造力的涌现机制。基于 Woodman 等（1993）提出的团队创造力受到团队构成和团队特质影响的理论模式，重点考察团队目标共享与功能多样性、团队目标共享与创造性人格多样性共同调节个体创造力与团队创造力之间的涌现关系。研究结论有助于认识个体创造力影响团队创造力的涌现机制，对企业有效管理个体创造力以实现"1+1>2"的效果，进而促进企业可持续发展具有启示作用。

第二节 理论与假设

一、个体创造力与团队创造力

创造力是提出新的和有用的想法的过程（Mumford and Gustafson，1988）。

Amabile（1996）在总结他的研究结果后认为，员工创造力是指员工在任何领域中，个体产生新奇有用的想法；他认为个体创造力的三个特征包括：意义、动机以及知识和能力（Amabile，1988）。在工作中的个人创造力涉及对工作挑战的实践和新的解决方案的提出，对组织提供新的和有用的结果（Amabile，1988）。团队创造力指通过团队成员相互讨论提出新想法，以及不断地提出创造性提案（King and Anderson，1990）。许多组织已转向基于团队的工作系统，以增加他们的响应能力，并提升创新的能力（Mohrman et al.，1995）。为此，学者对个体层和团队层的创造力之间的关系进行了研究（Andrew and Leon，2004）。

创造力可以发生在个体单独完成项目的各项工作中，也可发生在个体互动过程中，如分享、共建、评判和过滤各自的想法等互动（Andrew and Leon，2004）。个体可以提供新颖的和有用的想法，而团队成员互动和团队过程起着重要作用，决定是否可发展为团队创造力。Taggar（2002）研究表明，团队创造力源于并大于团队成员个体创造力的聚合。Woodman 等（1993）强调，团队创造力是个体与情境互动作用的结果，团队创造性成果不仅依赖于工作情境，更依赖于员工个体创造力（Mumford，2011）。基于以上分析，提出以下假设：

假设1：个体创造力正向影响团队创造力。

二、功能多样性与共享团队目标共同调节作用

1. 功能多样性

功能多样性是指与工作绩效相关的属性差异（Milliken et al.，2003），也是影响团队创造力和创新的重要因素（Ancona and Caldwell，1992），整合利用团队内不同职能领域成员，是团队加速产品开发过程中的一种方法（Calantone and Cooper，1981）。功能多样性高的团队具有潜在优势，有利于产品从生产到销售的转移，而相对于团队成员来自于同一职能部门，这些团队具有不同专业知识和信息，即知识异质性（Ancona and Caldwell，1992）。

Woodman 等（1993）构建的创造力理论模型指出，功能多样性有利于团队创造力的提升。另外，实证研究发现，功能多样性正向影响团队创造力（Fay et al.，2006；Keller，2001）；一项元分析结果认为，功能多样性与团队创造力和创新正向相关（Hulsheger Anderson and Salgado，2009）。但是，一些

学者从团队过程视角得出相反结论，Ancona 和 Caldwell（1992）调查了 45 个新产品团队却发现功能多样性高的团队创新成果少，Dougherty（1987）指出，不同组织职能的团队成员很难达成一致性的共享目标和有效的团队过程。这意味着团队成员共享团队目标时，团队功能多样性高更有利于团队结果。

2. 共享团队目标

团队创新氛围在团队追求目标的过程中扮演着极其重要的角色，West（1990）提出了团队创新氛围四因素模型，即愿景目标、参与的安全感、任务导向、创新支持，其中，共享团队目标是提出想法并产生有价值的结果，代表了一种高阶目标和激励的力量在发挥作用。West（1990）提出，共享团队目标有四个特点：清晰的、有远见的、可获得的和可分享的，清晰的共享团队目标是可被理解的、有远见的，描绘了愿景，给团队成员带来有价值的结果，并进一步保证组织目标的实现。可分享是指愿景在团队中获得个体广泛的接受。共享团队目标应具有挑战性并可达到，若目标不能完成，则可能造成挫败，若太抽象，则实际步骤可能不能切实完成其绩效（Anderson and West，1998）。

清晰的共享团队目标或愿景是整合多样性知识、满足团队工作任务需求的必要条件（Mumford，2011）。在团队创新的情境下，保证清晰的团队目标相比模糊的团队目标而言，可通过目标过滤，聚焦开发新观点促进创新。Pinto 和 Prescott（1988）针对 418 个项目团队研究发现，清晰的任务陈述是预测创新各个阶段（概念化、计划、执行和结束）成功性的唯一因素。West 和 Anderson（1996）（以医院高管团队为研究样本）与 Borrill 等（2000）（以婴儿健康看护团队为研究样本）的研究均发现，清晰的并承诺清晰的团队目标与高水平的团队创新相关。

3. 共同调节

组织运转经常以团队形式进行，团队往往由不同组织功能背景成员构成，团队内具有明显的知识异质性（Mumford，2011）。团队创造过程本质上是一项认知活动，成员分享自己独特的知识、观点和信念，每个人都可能接触到一些迥异的想法或观点，这些想法会通过不同途径激发他们产生更多点子（Shalley and Zhou，2004），促进团队内部的知识积累和创造。知识种类越多元，对个体和团队而言，其刺激价值也就越大，越有利于团队创造力的提升。但是，亦有学者提出，功能多样性高不利于团队过程（Dougherty，1987），会降低团队效率。功能多样性高会增加团队内冲突、降低一致性、复杂化内部沟通和阻碍团队内协调合作，功能多样性与许多团队内部过程负相关（Dougherty，1987；Shaw，1971；Pfeffer and O'Reilly，1987；Ancona and Caldwell，1992）。整合功能多样性团队内个体认知方式、价值观比较困难（Bettenhausen and Murnighan，1985；Shaw，1971），尤其当成员个体目标不同时，会加剧团队内部冲突（Schmidt and Kochan，1972），若不能有效管理功能多样性，将会降低决策速度以及团队成员任务聚焦程度（Ancona and Caldwell，1992）。在这种情况下，个体创造性越高，越会阻碍团队效率，因为创造力越高的个体越倾向于表达自己的不同观点（Amabile，1996），很难达成一致意见。

清晰化团队目标是有效管理团队多样性的方法（Ancona and Caldwell，1992）。团队功能多样性可提供异质性知识，如果团队目标明确且被团队成员接受，则团队更有可能开发出更适合目标的工作方法（Anderson and West，1998），因为不同职能背景的团队成员有努力的重点和方向。清晰的团队目标或愿景是整合多样性知识、满足团队工作任务需求的必要条件（Mumford，2011）。在目标明确的情况下，团队成员更聚焦于团队目标解决问题（Mumford，2011），可以弱化员工由于知识异质性带来的决策速度低下的问题。知识异质性程度如果较高，每个人都可能接触到一些迥异的想法或观点，创造力越高的个体越会借助这些想法通过不同的途径激发他们产生更多的点子（Shalley and Zhou，2004；Zhou and Su，2010）。此外，Taggar（2002）认为，团队层面的创造力更可能是个体创造力总和与团队创造相关过程的交互结果。张刚和吕洁（2012）研究指出，个体创造力与知识异质性协同促进团队创造力的提升。所以，在团队内成员共享团队目标高的情况下，会降低功能差异性带来的冲突，发挥功能多样性提供的知识异质性的优势，促进个体创造力向团队创造力聚合，达到"1+1>2"的效果。基于以上分析，提出以下假设：

假设2：共享团队目标与功能多样性正向共同调节个体创造力与团队创造力之间的关系，即在团队共享目标明确的情况下，团队成员功能多样性越强，个体创造力对团队创造力的影响越大。

三、创造性人格多样性与共享团队目标的共同调节

1. 团队创造性人格多样性

Maslow（1970）认为，自我实现的创造力是直接从人格产生的，做任何事

都有创新的倾向，具有问题解决或产出性特质，这是一种基本人格特质。创造性人格是有助于个体激发出创造力的人格特质，Torrance（1975）曾列举 34 项具有高创力者的特质，包括愿意冒险、好奇、追寻、独立思考、判断、有众多兴趣等。Williams（1972）也将创造者所包含的特质分成两方面：认知层面与情感层面，认知项目包括流畅力、变通力、独创力与精密力四项，而情感层面是指好奇心、想象力、冒险精神与挑战等特质。关于创造性人格，Runco（2008）特别强调：创造性人格具有领域差异，因人而异；有直接特质和反向特质之分；某些创造力的直接特质令人欣赏，但其中某些并不是那么受人欢迎。

团队性格多样性是指团队成员在某一特定性格或性格集合上面的差异程度或方差大小（Neuman et al.，1999），因此，我们认为团队创造性人格多样性是指团队成员在创造性人格上的差异或方差。高团队创造性人格多样性被认为是创造性人格异质性，而低创造性人格多样性被认为是创造性人格同质性。

2. 共享团队目标与创造性人格多样性共同调节

Muchinsky 和 Monahan（1987）提出的人—境匹配互补模型认为，团队成员个性多元化即性格异质性会给团队注入成功所需要的独特的个人属性，其中，一些个体愿意冒险、好奇、追寻、独立思考、判断，而其他成员则填补团队所需要的其他功能。Neuman 等（1999）认为，团队人格多样性更有利于团队投入到团队结果的转换，因为多样性人格能为团队成功提供不同的个体属性。因此，个体创造力作为团队创造力的重要投入，在多元的创造性人格中更利于向团队创造力转换。但是，根据 Muchinsky 和 Monahan（1987）的人—境互动补充模型（Supplementary Model），团队个体人格差异性大不利于团队成员间交流。Neuman 等（1999）认为，团队成员的个性是彼此相似或同质，因为成员性格相似，将更能够与彼此沟通，并更主动地一起工作。另外，创造性人格不同的个体意味着目标偏好不同，当目标偏好多样化时，成员发现团队问题（如团队内外环境的变化）、寻找解决方案的出发点不同，在讨论过程中往往会产生根本性的分歧，而且很难达成一致性意见（赵慧群、陈国权，2010）。因此，如果在创造性人格多样性的团队中能够避免这些问题的产生，创造性人格多样性则更利于个体创造力向团队创造力的转换。

共享团队目标强调团队目标的清晰性、远见性、可获得性和可分享性

（West，1990）。共享团队目标将使团队目标深入人心，成员在完成任务过程中会有意识地避免与目标无关的建议或活动（West，1990）。这样会避免由于创造性人格的不同，导致的目标偏好不同对团队决策过程带来的影响。在目标明确的情况下，团队成员更聚焦于团队目标解决问题，可以弱化员工由于偏好多样性带来的决策速度低下的问题。因此，在团队内成员共享团队目标高的情况下，团队创造性人格多样性越高，越有利于个体创造力向团队创造力的转换。基于以上分析，提出以下假设：

假设3：共享团队目标与创造性人格多样性正向共同调节个体创造力与团队创造力之间的关系，即在团队共享目标明确的情况下，团队成员创造性人格差异越大，个体创造力对团队创造力的影响越大。

第三节　研究方法

一、数据收集与样本

本研究样本来自于上海、深圳。为了减少数据来源相同而产生的同源偏差，我们采用套问卷形式，将问卷分为团队主管问卷与团队成员问卷。团队主管填写团队基本信息和团队成员创造力和团队创造力；团队成员填写个人基本信息、感知到的共享团队目标、创造性人格。

本研究共回收问卷 444 份，经过筛选，团队与成员有效匹配问卷为 327 份，共 65 个团队，问卷的有效回收率为 73.6%。整个问卷调查时间持续半年多。在有效样本中，团队成立平均年限为 6.24 年，平均团队成员数为 6.01 人；男性 72.26%，女性 27.74%。在成员年龄方面，团队成员平均年龄为 29.1 岁，20 岁及以下占 0.33%，21~30 岁占 71.51%，31~40 岁占 24.17%，41~50 岁占 0.66%，50 岁及以上占 3.31%。在成员学历方面，高中或中专学历占 2.67%，大专占 15.33%，本科学历占 64.05%，硕士学历占 17.67%，博士学历占 0.33%。在工作年限方面，在本公司平均工作年限为 3.11 年，总平均工作年限为 6.27 年。

二、研究变量测量

个体创造力参照 Zhou 和 Geroge（2001）的量表，共 13 个项目，每个项目采用 1~5 的等级分值，1—非常不符合，2—不符合，3—不确定，4—符合，5—非常符合。Cronbach's α 为 0.918，样例项目为"该员工提出新方法以实现工作目标""该员工提出新的技术或流程等方面的想法"。

团队创造力参考 Shin 和 Zhou（2007）的量表，共 4 个项目，每个项目采用 1~5 的等级分值，1—非常差，2—比较差，3—不确定，4—比较好，5—非常好。Cronbach's α 为 0.802，样例项目为"团队提出新想法的程度如何？""团队提出的新想法的有用性如何？"

团队共享目标参考 Andrew 和 West（1998）创新氛围量表中的一个维度，共 4 个项目，每个项目采用 1~5 的等级分值，1—非常不同意，2—不同意，3—不确定，4—同意，5—非常同意。Cronbach's α 为 0.879，样例项目为"成员清晰了解团队目标""成员认同团队目标"。

团队创造性人格多样性根据 Neuman 等（1999）的研究建议，我们采用团队成员创造性人格方差进行衡量，团队成员创造性人格参考 Gough（1979）的量表，并根据研究要求进行适当修改，共 25 个项目，每个项目采用 1~5 的等级分值，1—非常不符合，2—不符合，3—不确定，4—符合，5—非常符合。Cronbach's α 为 0.839，样例项目为"我是个有能力的人""我具有洞察力"。

功能多样性根据员工填写的在组织中从事的职能背景（行政人员；业务人员产品/技术开发人员；运营维护人员；管理人员；其他）信息计算得到，参考 Blau（1977）的异质性指数计算方法来测量，计算公式为：异质性指数 = $1 - \sum_{i=1}^{n} p_i$，其中，p_i 是某特性（如功能背景）第 i 个类别的比例。异质性指数的数值分布在 0~1，数值越高表明团队成员在某一特征上的差异性越大，数值越低则说明团队成员在该特征上的同质性越强（Jaekson and Joshi，2003）。

三、控制变量

将团队规模、团队成立年限作为控制变量（Gong et al.，2012），在研究创造力个体向团队涌现的过程中，对相应的影响因素进行控制。

第四节　数据分析

一、测量模型检验

各变量的均值、标准差及相关系数见表11-1。在检验假设之前，采用验证性因子分析对研究所用量表进行区分效度和结构效度分析。采用 Amos 17.0 进行验证性因子分析，由于团队创造力由团队主管填写，有65个数据点，而其余变量有327个数据点，针对这种情况，根据 Gong 等（2012）的研究范式，对个体创造力、创造性人格、共享团队目标进行验证性因子分析测量检验，验证结果如表11-1所示。

表11-1　测量模型比较

模型	因子	χ^2	df	χ^2/df	RMSEA	CFI	TLI
基准模型	三因子	502.881	206	2.441	0.066	0.912	0.902
模型1	双因子1	1224.016	208	5.885	0.122	0.700	0.666
模型2	双因子2	966.389	208	4.646	0.106	0.776	0.751
模型3	双因子3	995.422	208	4.786	0.108	0.767	0.742
模型4	一因子	1697.040	209	8.120	0.148	0.560	0.514

注：模型1为共享团队目标与个体创造力合并；模型2为共享团队目标与创造性人格合并；模型3为创造力与创造性人格合并；模型4为三因子合并。

二、假设检验

表11-2是研究主要变量的均值、标准差及相关系数。采用多元线性回归方法检验本研究提出的假设。团队创造力多元回归分析结果见表11-3。模型1是控制变量对因变量的影响；模型2是根据 Gong 等（2012）的研究范式，在控制变量的基础上同时增加个体创造力均值与个体创造力方差两个变量，研究对团队创造力的影响；模型3和模型4为包含控制变量、自变量、调节变量的

表 11-2　变量均值、标准差及相关系数

变量	均值	标准差	1	2	3	4	5	6	7	8	9	10	11
1. 团队年限	6.245	1.306	—	—	—	—	—	—	—	—	—	—	—
2. 团队规模	6.015	5.479	-0.156	—	—	—	—	—	—	—	—	—	—
3. 团队成员创造力方差	0.699	0.207	-0.021	0.321*	—	—	—	—	—	—	—	—	—
4. 团队成员创造力均值	3.463	0.395	0.138	-0.165	-0.093	(0.918)	—	—	—	—	—	—	—
5. 共享团队目标	4.057	0.336	-0.156	0.010	-0.008	-0.027	(0.879)	—	—	—	—	—	—
6. 功能多样性	0.156	0.246	-0.057	0.078	0.075	0.036	0.171	—	—	—	—	—	—
7. 团队成员创造性人格均值	3.431	0.299	0.260	-0.047	0.063	0.218	0.174	0.131	(0.839)	—	—	—	—
8. 团队成员创造性人格多样性	0.943	0.197	-0.205	0.174	0.310*	-0.144	0.461***	0.137	-0.302*	—	—	—	—
9. 共享团队目标×团队成员人格多样性	0.033	0.082	0.149	-0.138	0.048	-0.173	-0.387**	-0.144	-0.099	-0.151	—	—	—
10. 共享团队目标×功能多样性	0.016	0.077	0.127	-0.064	0.035	-0.076	-0.306*	-0.171	0.014	-0.209	0.499***	—	—
11. 团队创造力	3.729	0.450	0.029	-0.195	0.065	0.3033*	0.322**	0.032	0.386**	-0.006	-0.327**	-0.192	(0.802)

注：*** 表示 p<0.001，** 表示 p<0.01，* 表示 p<0.05；对角线括号内为 Cronbach's α 的系数。

表 11-3　回归分析结果

变量	模型 1	模型 2	模型 3	模型 4	模型 5	模型 6	模型 7	模型 8
团队年限	-0.002	-0.040	0.012	-0.064	0.020	-0.041	-0.043	-0.127
团队规模	-0.195	-0.204	-0.197	-0.195	-0.205	-0.237*	-0.261*	-0.234*
个体创造力差异性	—	0.156	0.160	0.152	0.167	0.171	0.243*	0.194
个体创造力均值（ICA）	—	0.290*	0.294*	0.237*	0.284*	0.188	0.357**	0.144
共享团队目标（STG）	—	—	0.340**	0.303*	0.312*	0.218	0.284	0.249
功能多样性（FD）	—	—	-0.325	—	-0.044	—	0.061	—
创造性人格差异性（CPD）	—	—	—	-0.059	—	-0.057	—	-0.096
创造性人格均值	—	—	—	0.261	—	0.255*	—	0.331*
STG×FD	—	—	—	—	-0.103	—	-0.078	—
STG×CPD	—	—	—	—	—	-0.228	—	-0.176
ICA×STG×FD	—	—	—	—	—	—	0.323*	—
ICA×STG×CPD	—	—	—	—	—	—	—	0.247*
R^2	0.038	0.137*	0.247**	0.317**	0.256*	0.357**	0.335**	0.401***
ΔR^2	—	0.100*	0.11**	0.18*	0.011	0.04	0.081*	0.044*

注：***表示 $p<0.001$，**表示 $p<0.01$，*表示 $p<0.05$。

主效应模型，由于创造性人格组合（均值）对团队创造力有重要影响（Mathisen et al.，2008），因此，在模型 4、模型 6、模型 8 中将其作为控制变量进行控制。在计算交互项时，将中心化后的自变量与调节变量相乘。本研究将交互项逐个放入主效应模型中，从而通过模型 7、模型 8 对各调节效应分别进行检验。

表 11-3 中的模型 2 的回归结果表明，在控制变量的基础上增加个体创造力方差和个体创造力均值两个变量，模型解释力并未得到显著提高（$\Delta R^2 = 0.10$，$p<0.05$）；个体创造力与团队创造力回归系数为 0.290（$p<0.05$），假设 1 得到支持。

模型 7 的结果表明，在主效应模型 5 的基础上增加模型共享团队目标、功能多样性的乘积项与个体创造力的交互项，模型的解释力显著提高（$\Delta R^2 = 0.081$，$p<0.05$），且共享团队目标与功能多样性协同正向调节个体创造力与团队创造力之间的关系（$\beta = 0.323$，$p<0.05$），假设 2 得到支持；模型 8 的结

果表明，在主效应模型 6 的基础上增加共享团队目标与创造性人格多样性乘积与网络规模的交互项，模型的解释力显著提高（$\Delta R^2 = 0.044$，$p<0.05$），且共享团队目标与创造性人格多样性协同正向调节研发强度与创新绩效的关系（$\beta = 0.247$，$p<0.05$），假设 3 得到支持。综合上述假设检验结果可知，个体创造力对团队创造力的影响作用得到支持；共享团队目标与功能多样性共同调节个体创造力与团队创造力之间的关系得到支持，如图 11-1 所示；共享团队目标与创造性人格多样性共同调节个体创造力与团队创造力之间关系得到支持，如图 11-2 所示。

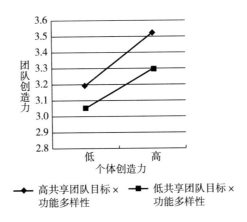

图 11-1　共享团队目标与功能多样性对个体创造力与团队创造力关系的共同调节作用

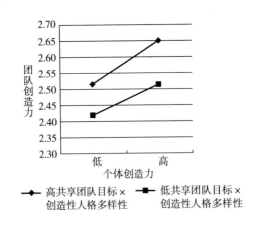

图 11-2　共享团队目标与创造性人格多样性对个体创造力与团队创造力关系的共同调节作用

<h1 style="text-align:center">第五节　结论与讨论</h1>

一、研究结论

本研究基于个体—情境互动视角，实证研究个体创造力涌现为团队创造力的边界机制，得出以下结论：

首先，团队创造力依赖于个体创造力。成员创造力越强，团队创造力往往越强。然而，团队创造力不仅是个体创造力的简单平均值。个体创造力在涌现为团队创造力的过程中受到如团队共享目标与团队多样性等情境因素的影响。

其次，共享团队目标与功能多样性对个体创造力与团队创造力之间关系具有共同调节作用。一方面，功能多样性增加了团队知识异质性，当团队成员的知识异质性程度较高时，个体创造力水平较高，创造力高的个体更能利用彼此的异质性认知优势、视角或观点为其提供更强的启发与联想，从而带来整体创造力的提升。另一方面，清晰的共享团队目标可整合多样性知识，成员更聚焦于团队目标开展工作，降低员工由于知识异质性带来的冲突、决策速度低下或难达共识等问题，发挥团队功能多样性的价值，促进个体创造力向团队创造力的聚合。

最后，共享团队目标与创造性人格多样性对个体创造力与团队创造力之间关系具有共同调节作用。一方面，冒险、挑战、好奇、想象力等创造性人格有助于激发个体创造力，创造性人格多样化即性格异质性会给团队注入成功所需的个人属性，促进团队投入到结果的转换。另一方面，创造性人格多样性意味着目标偏好不同，成员发现与解决问题的出发点不同，而明确的共享团队目标可使成员在工作中避免偏离目标的活动，更多聚焦于团队共享目标的任务，解决易产生分歧与难达共识等问题，发挥创造性人格多样性的价值，促进个体创造力向团队创造力涌现。

二、理论贡献与管理启示

本研究的理论贡献主要表现在下述方面：首先，本研究丰富了个体创造力到团队创造力的涌现机制内容。尽管 Gong 等（2012）研究了个体创造力涌现到团队创造力的中介机制，但是，Woodman 等（1993）认为个体创造力到团队创造力的聚合受很多情境因素的影响，本研究在 Gong 等（2012）研究的基础上，丰富了个体创造力涌现到团队创造力的边界机制。其次，Woodman 等（1993）的组织创造力模型认为，团队创造力受到团队构成和团队特性的影响，但未进行实证分析。本研究以团队共享目标与团队多样性共同调节个体创造力与团队创造力之间的关系，即实证检验了 Woodman 等（1993）的概念模型，解释了在共享团队目标下，如何发挥团队多样性的价值。

本研究结果对企业实践具有以下重要启示：首先，本研究发现，个体创造力有利于提升团队创造力，因此，对企业而言，一方面，要积极为员工提供创造力提升的机会，如培训，以提升员工创造潜能，进而提升团队创造力；另一方面，团队在招聘选人时，应将员工创造力潜能作为重要的参考指标。其次，本研究结果表明，共享团队目标与团队多样性（功能多样性、创造性人格多样性）共同调节个体创造力与团队创造力之间的关系。因此，对企业而言，一方面，要注意打造共享的团队目标氛围，使团队成员明确了解团队目标，同时在形成团队时注重团队成员功能与创造性人格多样性的人员配置；另一方面，还要加大对员工创造力开发力度，促进团队成员创造力的提升。这两个方面均需重视不能偏废，才能更好地促进个体创造力向团队创造力的转换。

第六节　局限性及展望

本研究的局限主要表现在三个方面。第一，本研究的样本数据包括 65 个团队，尽管满足统计分析要求，但由于样本量偏小会影响结果稳定性，因此，在以后的研究中应进一步扩大样本量进行验证。第二，本研究虽然采用套问卷调查方式，能在一定程度上减少同源方法偏差，但是，本研究部分团队成员数较少，以后研究中应适当扩大团队成员的调查数量，以在最大程度上避免调查对象的认知偏差。第三，本研究收集的是横断面数据，所得结论本质上是变量间的相关关系，更为严谨的因果关系还需要纵向研究加以检验。

第十二章 团队错误中学习对 个体创造力的跨层次影响： 无形资本视角

第一节 研究目的

员工创造力是组织创新和竞争优势的重要来源，组织越来越多地寻求多种途径或方式培育与提升员工创造力。现代组织中，团队是学习与创新活动的基本单位，团队学习是一种持续的反思和行动学习，有助于创造力提升。研究表明，相较于从成功中学习，从批判性思考、面对问题、关注错误中学习是更有益的，了解团队如何能从错误中学习，将避免代价高昂的误判，以快速准确地响应技术和市场的快速变化。

人力资本与社会资本作为组织中的两大无形资本，与组织创新密切相关，而组织创新源于团队及个体创造力的涌现。个体人力资本体现个体受教育和学习所获得的知识存量，也反映创造力所需的"专门知识"与"创造性思维技能"。社会资本（Social Capital）概念强调社群中人际关系网络，是一种有助于个人在社群中发展的关系性资源，而社会连带（Social Ties）是组织中个体进行社会学习的一种纽带和资源，很大程度体现了个体社会资本，它为知识获取与交换提供灵活的渠道，通过员工之间高质量的互动促使知识共享，有利于创造力提升。

目前，人力资本、社会连带与知识共享及创造力的关系已引起国内外学者的关注和研究，团队情境跨层次影响个体创造力的相关研究较少，而多层次考察个体和团队的动态相互影响是组织管理和实践的一个挑战。因此，本研究以无形资本为视角，构建个体与团队多层次模型，研究个体人力资本、社会连带对知识共享及创造力的影响，在团队错误中学习对其关系的跨层调节效应，以揭示团队错误中学习对知识共享和提升个体创造力的作用机理。

第二节　理论与假设

一、人力资本、社会连带与知识共享

人力资本理论创始人 Schultz（1961）指出，个人对教育、职业培训、保健以及迁移的投入都是一种投资，这种投资的结果形成人力资本。Becker（1964）对人力资本的研究从经济学扩大到人的行为的范畴，指出教育和经验是人力资本概念的关键特征。在管理学领域研究中，一些学者将人力资本分为两类：专门人力资本（Specific Human Capital），指在特定知识领域中具有局域的更深层次的嵌入式的知识；通用人力资本（General Human Capital），指多个情境下都可使用的多技能的可通用的知识与智力。Zarutskie（2010）将高管团队（Top Management TMT）人力资本分为：通用人力资本（高管团队受教育经历）、专门人力资本（高管团队工作经历）。基于上述研究，本研究确定人力资本的两个维度，教育程度反映通用人力资本，专业领域的工作经验反映专门人力资本。

Moorman 和 Miner（1998）认为，知识共享是组织中有关不同个体间或不同部门间学习范畴的一种集体信念或行为规则，知识共享提高知识承载者的知识交叉和复合的程度。个体必须具备知识共享的能力、意愿及机会，才能有效地共享知识。能力与人力资本、机会与社会连带具有紧密关系。研究表明，员工的接受能力在知识传递中扮演重要角色，并强调人力资本的合作效率，人力资本只有通过资源共享、协作和发挥团队精神才能得到充分释放，组织配置具有胜任能力和积极态度的人员做合适的工作，能促使企业共享与整合多源的知

识。Sveiby 和 Simons（2002）的研究认为，员工的教育水平及经验可影响知识共享的有效性。由此，提出以下假设：

假设 1a：团队成员通用人力资本对知识共享有显著正向影响。

假设 1b：团队成员专门人力资本对知识共享有显著正向影响。

社会连带强调人际交往的过程和结构，可为双方利益促进或阻碍资源运用，研究者通常区分两种广泛的有时相互重叠的社会连带：工具连带与情感连带。工具连带（Instrumental Ties）指工作相关的建议连带，涉及一个人完成工作任务所必需的收集信息、建议和资源，这对有效完成任务至关重要，工具连带源于正式关系，交换内容涉及工作相关信息或知识。情感连带（Expressive Ties）反映的是友谊，是表达社会支持和价值观的重要通道。总的来说，情感连带基于规范和感情，而工具连带基于信息和认知。

工具连带强调成员间以完成工作任务为目标的互动，在多数成员之间均有互动的团队（如高密度团队）中，成员间会有更高层次的信息共享与合作，这对成功完成任务是必要的，相反，在低密度团队中，成员间不愿交换工作相关的重要想法或隐性知识。强联系相对弱联系更有利于主体间分享精细化的深层次知识，因为高频率互动为主体提供了更多的认识和接触独有知识的机会；情感连带与知识共享相关，团队成员间的互动会提高信任及可靠性方面的满意度，从而产生高频率和广泛的信息交流。若网络成员互相信任，那么一方就不会觉得需要保护自己以避免他人机会主义行为，并相信对方有能力为其提供有价值的知识，隐性知识转移和共享才可行。由此，提出以下假设：

假设 2a：团队成员工具连带对知识共享有显著正向影响。

假设 2b：团队成员情感连带对知识共享有显著正向影响。

二、人力资本、社会连带与创造力

专门人力资本体现特定领域的知识，往往能进一步有效地在特定领域获取和吸收新的深层次的知识，通用人力资本定位于多个知识领域，在决策中，通用人力资本往往产生更多元化的思维模式和低认知冲突，能对问题和情况作出不同解释，因此，通用人力资本不仅可提供不同的知识应对替代的任务，而且对未来发现、理解、合并与应用新知识具有潜在的适应能力。Marvel 和 Lumpkin（2007）发现，科技创业者正规教育水平与相关工作经验均对基础创新有积极的显著影响。某领域的经验对创造性成功很有必要，因为个体只有对该领域有足够了解才能从事创造性工作。Simonton（1999）认为，当个体拥有更多领域相关的专门知识，能通过增加的个人能力提出新的解决方案，提高创新绩效。由此，提出以下假设：

假设3a：团队成员通用人力资本对创造力有显著正向影响。

假设3b：团队成员专门人力资本对创造力有显著正向影响。

团队成员间社会连带与创造力相关。首先，为完成团队任务，个体需要与同事保持紧密联系（工具连带），一起分享、扩大、批评、过滤各种想法，这类互动会激发个人产生创新性想法。Shalley（1995）比较了处于独立工作状态和参与合作状态的两类个体之间存在的个体创新绩效差异，发现团队成员的交流互动会提高个体创新水平。其次，友谊是同事相互信任的一个因素，友谊和社会支持是情感连带的核心要素，员工更愿意相信朋友般的同事会给予支持，因此，情感连带影响同事间的信任。换言之，拥有亲密友谊的同事构成子群体，相互之间更容易产生信任，信任使环境更开放、支持、宽容、少敌意和少竞争，信任使团队成员拥有更多自由，往往触发想法，并减轻冲突，所有这些元素将有利于产生高水平创造力。由此，提出以下假设：

假设4a：团队成员工具连带对创造力有显著正向影响。

假设4b：团队成员情感连带对创造力有显著正向影响。

三、知识共享的中介作用

已有研究显示了知识共享对于提高组织创新能力的重要性，Cohen 和 Levinthal（1990）与 Tsai（2001）明确地把知识共享作为知识创造的一个关键的前提。

设立人力资本的激励机制，有利于知识共享行为发生，继而影响组织绩效。Chen 和 Huang 研究发现，知识管理能力对战略人力资源实践与创新绩效之间的关系具有中介作用。Panteli 和 Sockalingam（2005）认为，信任关系是组织间知识共享过程的核心，伙伴企业间缺乏必要的信任将无法完成预期的创新绩效目标。Inkpen 和 Tsang（2005）指出，组织网络关系有助于促进组织间的知识共享和信息交流，有利于开发和吸收新技术，获得更高的创新绩效。社会互动影响知识共享，进而产生创造性想法。由此，提出以下假设：

假设 5a：团队成员通用人力资本通过知识共享显著影响创造力。

假设 5b：团队成员专门人力资本通过知识共享显著影响创造力。

假设 6a：团队成员工具连带通过知识共享显著影响创造力。

假设 6b：团队成员情感连带通过知识共享显著影响创造力。

四、团队错误中学习的跨层调节

Edmondson 认为，组织并不善于从错误或失败中总结经验，尽管从错误中学习是明智之举，根本原因在于管理者对失败缺乏正确认识。为此，组织营造从错误中学习的氛围就十分重要。从经验中学习能挖掘出对团队有意义的知识和规律，以指导和改进行为，促使成员及时发现问题，产生新想法，形成新的解决方案，并减少错误重现。另外，一些研究表明，人力资本、社会连带与错误中学习密切相关。专门人力资本是深层次的专业知识，对拓展性学习的影响更为明显，通用人力资本对探索性学习的影响更明显，Carmeli（2007）以以色列企业为样本，研究发现社会资本与错误中学习行为呈正相关关系。

Hirst 等（2009）研究表明，团队学习行为跨层次调节员工目标导向与创造力之间的关系，并认为可扩展探讨已被证明与创造力有关的个体差异。人力资本、社会连带与错误中学习及创造力的关系前面也已阐述，在此基础上，本研究认为，教育水平高的员工具有更好的从错误中学习的能力，有经验的人更了解从错误中学习的重要意义，当团队错误中学习氛围好时，激发具有高人力资本的个体从错误中学习，有利于知识共享及其创造力的提升；当团队错误中学习氛围好时，社会连带中所嵌入的资源会被激活，有助于个体从错误中学习，即通过员工互动交流及高度信任，寻求产生错误或失败的原因，学习新知识，通过知识共享及整合，提出新方法和新思想。由此，提出以下假设：

假设 7a：错误中学习正向调节成员通用人力资本与知识共享之间的关系。

假设 7b：错误中学习正向调节成员专门人力资本与知识共享之间的关系。

假设 8a：错误中学习正向调节成员工具性连带与知识共享之间的关系。

假设 8b：错误中学习正向调节成员情感性连带与知识共享之间的关系。

假设 9a：错误中学习正向调节成员通用人力资本与创造力之间的关系。

假设 9b：错误中学习正向调节成员专门人力资本与创造力之间的关系。

假设 10a：错误中学习正向调节成员工具性连带与创造力之间的关系。

假设 10b：错误中学习正向调节成员情感性连带与创造力之间的关系。

第三节　研究方法

一、数据收集与样本描述

本研究对象是 R&D 团队调查重点聚焦于移动通信、集成电路、软件开发、航天研究等技术含量较高的行业，企业涵盖多种所有制形式，企业规模在 100 人以上，地点在上海、北京、深圳与杭州等地区。调查问卷采用套问卷形式，即将问卷分为团队主管问卷与团队成员问卷，克服只由团队成员填写易存在的主观偏见性，以减少数据来源相同而产生的同源偏差问题。

本研究共发放问卷 630 份，回收 598 份，经过筛选，有效问卷为 585 份，问卷的有效回收率为 92.86%。其中，有效配对数据有 151 个团队，共包括 585 个成员，团队规模 2~7 人。

被调查样本的描述性统计如下：在性别方面，男性占 75.73%，女性占 24.27%；在员工年龄分布方面，20~30 岁占 58.80%，30~40 岁占 33.16%，40~50 岁占 5.64%，50~60 岁占 1.37%，60 岁以上占 1.03%；在教育程度方面，专科学历占 1.88%，本科学历占 33.50%，硕士学历占 58.29%，博士学历占 6.32%；在员工的专业背景方面，通信占 21.88%，电子占 11.28%，计算机占 21.54%，电器占 20.17%，其他占 25.13%；在员工在本单位工作时间方面，3 年以下占 55.21%，3~6 年占 20.17%，6~9 年占 9.74%，9 年以上占 14.87%；在员工在该专业领域工作时间方面，3 年以下占 42.05%，3~6 年占 22.56%，6~9 年占 15.73%，9 年以上占 19.66%。

二、变量测量

本研究量表测试中每个项目采用 1~5 的等级分值，从非常不同意到非常同意。

人力资本参考 Hitt 等（2001）与 Zarutskie（2010）的研究，分为两个维度，通用人力资本是以个体所接受的正规教育程度来衡量，教育程度分为大专、本科、硕士、博士 4 个等级分值；专门人力资本是以个体在专业领域内的实际工作年限来衡量。

社会连带采用 Chen 和 Peng（2008）的研究，分为两个维度：工具连带和情感连带，由个人自评。工具连带测量有 5 个项目，Cronbach's α 为 0.787，代表性项目如"我们在工作中相互支持"。情感连带测量有 4 个项目，Cronbach's α 为 0.835，代表性项目如"我们相互信任"。社会连带的 Cronbach's α 为 0.855。使用验证性分析来衡量该量表，双因子结构模型拟合指数均较好（$\chi^2/df = 2.809$，RMSEA = 0.056，CFI = 0.980，IFI = 0.981，NFI = 0.970，TLI = 0.971）。

知识共享参考郑仁伟和黎士群（2001）的问卷，共 10 个测量项目，由个人自评。代表性项目如"成员会尽量为同事提供其所需的资料、文件等"，知识共享的 Cronbach's α 为 0.901。

创造力变量的设计主要参考 Zhou 和 George（2001）的研究，共 8 个项目，由团队主管给予评分，代表性项目如"他/她能提出达成目标的新方法"，创造力的 Cronbach's α 为 0.919。

团队错误中学习的测量参考 Tjosvold 等（2004）的研究，共 6 个项目，每个项目得分等于团队成员评分的平均值。代表性项目如"错误对改进团队工作很有用"，错误中学习的 Cronbach's α 为 0.933。

第四节　结果分析

一、团队层次变量的聚合

错误中学习为团队层次的变量，在聚合过程中，Rwg = 0.863，表明具有较高的组内一致度，ICC（1）= 0.381，表明不同团队间具有足够的变异量；ICC（2）= 0.705，大于 0.7，表明具有较好的团队平均信度。

二、信度与效度分析

社会连带两维度的组合信度分别是 0.735、0.847，均大于 0.6，知识共享、创造力与错误中学习三个变量的组合信度分别是 0.924、0.926、0.936，也均大于 0.6，表明五个潜变量具有较高的内部一致性，测量模型的内在质量理想。收敛效度与区分效度检验，社会连带双因子的平均方差抽取量 AVE 分别是 0.419 与 0.530，知识共享、创造力与错误中学习的 AVE 分别是 0.550、0.610、0.712，除了工具连带的 AVE 略小于 0.5，其他均大于 0.5，表示量表具有较好的收敛效度。表 12-1 为研究变量的均值、标准差和相关系数，可以看出所有潜变量之间的相关系数小于对角线上 AVE 的平方根，表明五个潜变量之间具有良好的区分效度。

表 12-1　研究变量的均值、标准差、相关系数

变量	均值	标准差	1	2	3	4	5	6	7
1. 通用人力资本	2.691	0.615	—						
2. 专门人力资本	6.352	6.652	−0.219	—					
3. 情感连带	4.079	0.524	0.210**	0.102*	(0.647)				
4. 工具连带	3.517	0.638	0.209**	0.137**	0.545**	(0.728)			
5. 知识共享	3.881	0.547	0.199**	0.221**	0.401**	0.423**	(0.742)		
6. 创造力	3.764	0.615	0.220**	0.218**	0.372**	0.388**	0.586**	(0.781)	
7. 团队错误中学习	3.975	0.902	0.035	−0.046	0.049	0.099*	0.057	0.039	(0.844)

注：**表示小于 0.01 显著性水平（双尾），*表示小于 0.05 显著性水平（双尾）；对角线括号内为各变量 AVE 的平方根。

三、HLM 零模型检验结果

如表 12-2 所示，建立零模型检验知识共享组间方差的显著性水平，如模型 1 所示，知识共享的组内方差 σ^2 为 0.264，组间方差 τ_{00} 为 0.036，χ^2 检验结果显示此组间方差显著（$\chi^2(150) = 229.478$，$p < 0.001$）。跨级相关系数 ICC1 = 0.12，即知识共享的方差有 12% 来自于组间方差，而 88% 来自于组内方差。

表 12-2 多层次线性模型分析结果

变量	知识共享				创造力				
	模型1	模型2	模型3	模型4	模型5	模型6	模型7	模型8	模型9
个体层次									
截距 γ_{00}	3.882**	3.880**	3.620**	3.631**	3.774**	3.778**	3.795**	3.460**	3.518**
通用人力资本 γ_{10}	—	0.145**	0.146**	-0.286	—	0.152**	0.079*	0.157**	-0.561*
专门人力资本 γ_{20}	—	0.018**	0.018**	-0.036	—	0.017**	0.008*	0.017**	-0.033*
工具连带 γ_{30}	—	0.212**	0.212**	-0.606*	—	0.229**	0.120*	0.225**	-0.286
情感连带 γ_{40}	—	0.189**	0.181**	0.420*	—	0.171**	0.107*	0.168**	-0.339
知识共享 γ_{50}	—	—	—	—	—	—	0.481**	—	—
团队层次									
错误中学习 γ_{01}	—	—	0.065*	0.062*	—	—	—	0.080*	0.063
跨层次									
通用人力资本× 错误中学习 γ_{11}	—	—	—	0.106	—	—	—	—	0.178**
专门人力资本× 错误中学习 γ_{21}	—	—	—	0.014**	—	—	—	—	0.012**
工具连带× 错误中学习 γ_{31}	—	—	—	0.204**	—	—	—	—	0.130*
情感连带× 错误中学习 γ_{41}	—	—	—	-0.061	—	—	—	—	0.124*
组内方差 σ^2	0.264	0.162	0.161	0.159	0.271	0.155	—	0.156	0.156
组间方差 τ_{00}	0.036	0.020	0.020	0.022	0.105	0.093	—	0.092	0.092
$R^2_{组内}$	—	0.386	0.390	0.398	—	0.428	—	0.424	0.424
$R^2_{组间}$	—	—	0.444	0.389	—	—	—	0.114	0.114
$R^2_{总}$	—	—	0.396	0.397	—	—	—	0.338	0.338
模型拟合度 Deviance	947.438	771.789	770.882	777.122	1037.076	864.563	696.991	864.365	857.492

注：* 表示 $p<0.05$，** 表示 $p<0.01$。

建立零模型检验创造力组间方差的显著性水平，如模型 5 所示，创造力的组内方差 σ^2 为 0.271，组间方差 τ_{00} 为 0.105，χ^2 检验结果显示此组间方差显著（$\chi^2(150) = 377.380$，$p<0.001$）。$ICC1 = 0.279$，即个体创造力的方差有

27.9%来自于组间方差，而72.1%来自于组内方差。

四、个体层次检验结果

为了检验假设1和假设2，在零模型1的基础上构建随机效应回归模型，如模型2所示。其中，通用、专门人力资本对知识共享均有显著的正向影响（$\gamma_{10} = 0.145$，$p<0.01$；$\gamma_{20} = 0.018$，$p<0.01$），工具和情感连带对知识共享的影响也均为正向显著（$\gamma_{30} = 0.212$，$p<0.01$；$\gamma_{40} = 0.189$，$p<0.01$），假设1和假设2均得到支持。加入个体层次四个自变量后，以组内方差减少的程度来计算 $R^2_{组内} = 0.386$，表示知识共享的组内方差有多大程度可被通用人力资本、专门人力资本、工具连带、情感连带所解释。此外，χ^2 检验结果表明，个体层次四个自变量的回归系数在团队之间均存在明显变异（$\chi^2(29) = 54.171$，$p<0.01$；$\chi^2(29) = 54.826$，$p<0.01$；$\chi^2(29) = 43.181$，$p<0.01$；$\chi^2(29) = 76.724$，$p<0.01$），说明了多层次分析的必要性。

为了检验假设3和假设4，在零模型5的基础上构建随机效应回归模型，如模型6所示。其中，通用、专门人力资本对创造力均有显著的正向影响（$\gamma_{10} = 0.152$，$p<0.01$；$\gamma_{20} = 0.017$，$p<0.01$），工具和情感连带对创造力的影响也均为正向显著（$\gamma_{30} = 0.229$，$p<0.01$；$\gamma_{40} = 0.171$，$p<0.01$），假设3和假设4均得到支持。加入个体层次四个自变量后，以组内方差减少的程度来计算 $R^2_{组内} = 0.428$，表示创造力的组内方差有多大程度可被通用人力资本、专门人力资本、工具连带、情感连带所解释。此外，χ^2 检验结果表明，个体层次的四个自变量的回归系数在团队之间均存在着明显变异（$\chi^2(29) = 60.230$，$p<0.01$；$\chi^2(29) = 54.596$，$p<0.01$；$\chi^2(29) = 58.192$，$p<0.01$；$\chi^2(29) = 59.796$，$p<0.01$），说明了多层次分析的必要性。

五、知识共享中介作用检验

假设1和假设2已得到验证，在模型6基础上加入知识共享变量后如模型7所示，通用人力资本、专门人力资本、工具连带、情感连带对创造力的显著性均有下降，但仍为显著，所以知识共享部分中介人力资本、社会连带与创造力之间的关系，假设5和假设6得到部分支持。

六、跨层调节检验结果

建立完整模型以检验假设 7 和假设 8，如模型 4 所示，团队错误中学习对通用人力资本与知识共享之间关系的调节作用不显著，假设 7a 未得到支持，团队错误中学习正向调节专门人力资本与知识共享之间的关系（$\gamma_{21} = 0.014$，$p<0.01$），假设 7b 得到支持，调节作用如图 12-1 所示，专门人力资本与知识共享关系的斜率大一些，说明在错误中学习氛围好的环境下，员工的专门人力资本越高其知识共享程度越高。错误中学习正向调节工具连带与知识共享之间的关系（$\gamma_{31} = 0.204$，$p<0.01$），假设 8a 得到支持，调节作用如图 12-2 所示。错误中学习对情感连带与知识共享之间关系的调节作用不显著，假设 8b 未得到支持。完整模型对知识共享的方差解释度 $R^2_{\text{总}}$ 为 39.7%。

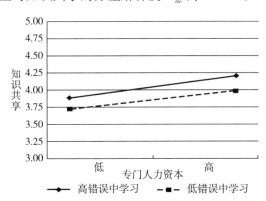

图 12-1　团队错误中学习对专门人力资本与知识共享关系的跨层次调节效应

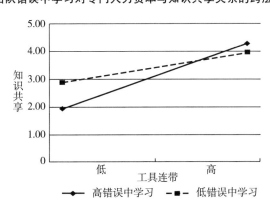

图 12-2　团队错误中学习对工具连带与知识共享关系的跨层次调节效应

建立完整模型以检验假设 9 和假设 10，如模型 9 所示，团队错误中学习分别正向调节通用人力资本、专门人力资本与创造力之间的关系（$\gamma_{11} = 0.178$，$p<0.01$；$\gamma_{21} = 0.012$，$p<0.01$），假设 9 得到支持，调节作用如图 12-3 和图 12-4 所示，表示在团队错误中学习氛围好的环境下，通用人力资本与专门人力资本对员工创造力的影响大。此外，错误中学习分别正向调节工具连带、情感连带与创造力之间的关系（$\gamma_{31} = 0.130$，$p<0.05$；$\gamma_{41} = 0.124$，$p<0.05$），假设 10 得到支持，调节作用如图 12-5 和图 12-6 所示，当存在高团队错误中学习时，成员社会连带与其创造力之间的正相关会提高。完整模型对个体创造力的方差解释度 $R^2_{总}$ 为 33.8%。

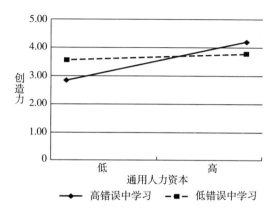

图 12-3　团队错误中学习对通用人力资本与创造力关系的跨层次调节效应

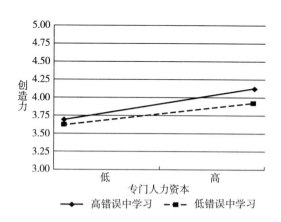

图 12-4　团队错误中学习对专门人力资本与创造力关系的跨层次调节效应

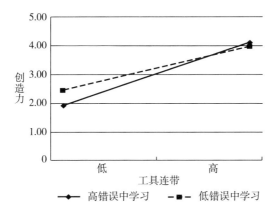

图 12-5 团队错误中学习对工具连带与创造力关系的跨层次调节效应

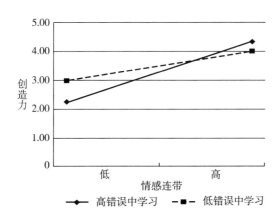

图 12-6 团队错误中学习对情感连带与创造力关系的跨层调节效应

第五节 结论与讨论

本研究基于无形资本视角，以 R&D 团队及成员为研究对象，构建多层次模型。相较于传统回归分析，多层次分析对嵌套数据结构的验证和分析更加合理和准确，主要研究结论如下：

首先，两大无形资本对成员知识共享及创造力均有显著的正向影响。①通用与专门人力资本对两个因变量的影响在显著性上没有差别，即教育程度、工作经验对知识共享及创造力同样具有重要作用。人力资本理论假定具有更高质量人力资本的个体将获得更理想结果，本研究结论也与 Marvel 和 Lumpkin（2007）的研究基本一致。②工具连带增加意味着团队工作中成员进行充分沟通与互动，尊重多样性观点，有利于增进彼此理解，促进创造力提升。情感连带增加意味着成员间增进了友谊，相互支持且信任度提高，有利于隐性知识的共享，而隐性知识相对于显性知识更有助于创造性思想的产生。这一结论与 Lin（2007）研究社会连带通过同事间信任影响隐性知识共享的结论部分相同。

其次，知识共享部分中介人力资本、社会连带与创造力之间的关系。人力资本越高，知识获取与知识交换的能力越强，对新知识的探索与对现有知识的利用越有效，越有利于创造力提升；社会连带越高，越容易形成互动、支持、合作与高度信任的团队氛围，从而促进成员积极地交换与共享社会资源，提高创造力。

最后，团队错误中学习可强化两大无形资本与成员创造力之间的正相关关系；错误中学习可强化专门人力资本、工具连带与知识共享之间的正相关关系，但是，对通用人力资本、情感连带与知识共享之间关系的跨层次调节未得到支持。不支持的原因分析如下：高通用人力资本不具备丰富的专业领域工作经验，未必对错误中学习的重要性有认知，在高团队错误中学习氛围下，通用人力资本对知识共享的正向影响未必加强；高情感连带反映的是友谊及感情的深入，还包括团队成员间投缘，有相似的兴趣和爱好，但是，如果不是以工作为目标的交互，高团队错误中学习未必能够强化成员进行有利于工作任务的知识共享。

第六节　管理启示

当今我国大力倡导提升企业自主创新能力，团队是企业创新活动的基本单位，团队及企业创新源于个体创造力的涌现。因此，如何有效管理团队促进个体创造力提升是管理者面临的紧迫而又富有挑战性的问题。本研究结论具有以下几方面管理启示：

首先，管理者应重视培育团队成员无形资本并发挥其对创造力的积极作用。①应加强人力资源开发，结合员工职业定位和职业发展，通过导师制、在职培训、脱产学习及积极引进优秀人才等方式，针对创新工作的专业性和复杂性，提高团队成员的专业技能和素质，充分掌握工作任务中所需的专业知识、工具、方法与规范等，以增强人力资本进而提升成员创造力。②应积极创造条件与平台鼓励和强化成员互动交流与讨论，形成一种以完成工作任务和目标为核心的和谐工作关系；同时，鼓励成员加深工作关系的情感成分，在工作中增进理解、信任和默契，促进相互支持和相互合作，促进成员创造力的提升。

其次，管理者也需充分重视无形资本对知识共享的促进作用及中介作用。借助团队无形资本的力量，通过专业知识和技能的掌握，同时鼓励成员互动交流，强化对团队目标的认同，成员间相互支持和信任来激发知识共享，进而提升创造力。此外，建议企业开发与使用知识库系统或内部公共交流平台，建立管理机制使知识能够安全获取与共享，充分利用网络连带的知识传导作用，促使成员提升个体创造力。

最后，应营造团队错误中学习的氛围。在可预测的日常运营环境中，有些错误是可预防的，但在动态或复杂的工作环境中，如创新的过程是对未知或新的知识或事物的探索，具有不确定性、模糊性和风险性，错误与失败是不可避免的，因此，组织应重视营造团队错误中学习的氛围，强调错误对于团队工作改进及获取重要信息的作用，工作中允许试错、发表不同看法或似乎不合常规的意见，认可冒险的想法和行为，帮助成员解决在工作中遇到的困难，并鼓励成员勇于找出错误，反思错误，分析并纠正，确保避免同类错误的重现。组织必须不断鼓励成员适应新环境要求，不断探索新知识和新技术，并对过去及现在的工作进行反思和改进。

第七节　局限性及展望

本研究也存在一些局限性，有待以后研究进一步改进。首先，以团队为对象的研究获取调查样本较困难，本研究共收集了 151 个团队数据，其中，每个团队中仅调查了 2~7 个成员，这在一定程度上妨碍了多层次分析方法的有效验证，未来研究应在增加调查团队数量的同时提高每个团队中被试成员的比重。其次，本研究对象主要来自上海、北京、深圳与杭州等地区，主要是通信、IT 等行业的高新技术企业中的研发团队，这在一定程度上影响本研究的生态效度，以后的研究应进一步增强样本的代表性。最后，本研究侧重人力资本、社会连带对知识共享及创造力的影响，没有对人力资本与社会连带的交互作用进行研究，在之后的研究中，应考虑人力资本与社会连带的交互作用对知识共享及创造力的影响。

第十三章　团队学习行为对个体创新行为的跨层次影响：学习倾向视角

第一节　研究目的

随着团队形式在组织中的广泛应用，团队层次的学习行为成为近年来研究的热点。"团队，而非个体，是现代组织中最基本的学习单位"，团队学习（Team Learning）因其对于创新的重要性，得到学者们的关注。持续成功的创新对组织的生存、竞争优势的获得至关重要，个体创新行为往往提供了组织创新的一个出发点，可以看作个体在工作上的一种方法，它产生新奇而适当的想法、过程和解决办法。在某种程度上，尽管组织创新并由此获得竞争优势是由多个因素决定的，但通常创新是植根于有创造性思想的员工个体中。个体创新是组织创新和竞争力的主要源泉，组织应更多地致力于培育员工个体的创新行为。

个体创新行为往往是在团队工作背景下产生的，管理创新不仅需要认识雇员的创造潜力，而且还要了解团队因素如何影响个体创新，所以，以多层次的视角观测个体和团队的动态相互影响是管理和实践的一个挑战（Hirst et al., 2009）。在本研究构建的跨层次模型中，个体层次主要考察个体社会资本、学习倾向对其创新行为的影响，并测试团队学习行为对个体社会资本、学习倾向与其创新行为关系的跨层次调节作用。目前，国内外已有少数学者探索社会资本对创新的影响，例如，比较处于独立工作与参与交流合作的两类个体对创新的差异（Shalley，1995；Merlo and Mann，2004），社会网络连带与创新的关系研究（Chen et al.，2008；Mcfadyen，2004）。另有少数学者研究了不同组织情境中学习倾向与创新的关系（Dweck，1999；Vandewalle et al.，2001；Janssen and Van Yperen，2004）。然而，团队学习行为如何跨层次影响个体社会资本、学习倾向与其创新关系的研究则是空白，因此，本研究还用跨层次方法研究个体创新行为的价值，并根据研究结论给出提高个体创新行为的建议。

第二节　理论与假设

一、个体社会资本与创新行为

法国社会学家 Bourdieu 在 20 世纪 70 年代最早提出社会资本概念，他认为社会资本是个人或团体所拥有的社会连带的总和，而社会资本的取得则需要靠连带的建立、维持与资源交换。Nahapiet 和 Ghoshal（1998）提出社会资本三维框架，即结构（网络连带、网络构型、专属组织）—关系（信任、规范、认同、义务）—认知（共有编码、共同语言、共同经历）。本研究聚焦个体层次，主要考虑个体人际互动网络的社会资本，通过直接连带和间接连带，个体获得嵌入互动关系中的资源，有利于知识的整合和创造，从而更容易产生新的想法和新的方法。个体社会资本维度参考 Nahapiet 和 Ghoshal（1998）的结构维度，确定了个体拥有社会关系的数量（网络规模）与社会关系的紧密程度（互动频率）两个子维度。

Shalley（1995）运用实验研究方法，比较处于独立工作状态和参与合作状态的两类不同个体之间存在的个体创新绩效方面的差异，发现团队成员的交流互动会提高个体创新的水平。Merlo 和 Mann（2004）研究认为，在项目中独立工作的个人可以产生创新行为，同时项目团队中成员间的互动也可以引发创新行为，如成员间一起分享、扩大、批评、过滤各种想法，这种成员间的互动行为会激励个人产生创新性的想法。以中国台湾高科技公司 R&D 项目团队为对象，研究发现社会资本中社会互动与网络连带对创新有显著的正向影响（Chen et al.，2008）。

然而，社会资本是有成本的。与他人互动的频率增加，能增强双方的理解、信任和认同，一方面，持续的强认同和信任会制约对新信息和不同观点的吸收，导致思维固化。扩大互动的人数，有利于个体接收更多的信息和知识，促进交流和新观点的产生。另一方面，发展和维护与他人的互动需要投入时间和精力。Mcfadyen 和 Cannella（2004）以 173 名生物医学领域科学家为研究样本，验证了个体拥有的关系数量和关系强度与知识创造之间有二次关系。虽然统计上当网络规模、互动频率达到某个临界值时，创新行为的边际效用会递减，但是，网络规模、互动频率与创新行为的线性关系仍为正向，此外，考虑在研发团队中紧密的关系有利于深度的交流及隐性知识的转移与共享并增强合作，网络规模大有利于获取新的异质性知识，更易于促进创新行为，由此，提出如下假设：

假设 1a：个体拥有社会关系的数量（网络规模）与其创新行为具有显著的正相关。

假设 1b：个体拥有社会关系的紧密程度（互动频率）与其创新行为具有显著的正相关。

二、个体学习倾向与创新行为

个体创新包括三个部分：领域相关的技能、创新相关的技能和内在的任务型动机（Amabile，1996）。而学习倾向涉及获得技能和内在动机，因此，它会影响人们获取和使用反馈的意愿以提高技能和创造力。首先，学习倾向聚焦于个体对新知识的获取，有利于接受挑战性的任务。与学习倾向相关的技能开发的重点在于理解和掌握任务绩效的内在兴趣，对任务的兴趣和内在动机导致更加投入工作，结果往往产生创新，而有较高学习倾向的个体有更大的内在动机去寻求挑战性和艰巨的创造性任务。其次，与专业领域相关的技能开发为创新提供必要的背景知识和创造力基础，为了获得这些知识和技能，个人必须学习，这种学习过程和专业知识的发展得益于高学习倾向。高学习倾向的个体倾向于投入更大努力开发和掌握新技能，有效地面对正面和负面的反馈，通过努力应对挑战，提出问题的创造性解决方案。Janssen 和 Van Yperen（2004）发现，制药行业中学习倾向与创新行为之间存在正相关关系。由此，提出如下假设：

假设 2：个体学习倾向对其创新行为具有显著的正向影响。

三、团队学习行为与个体创新行为

团队学习是一种持续的反思和行动，包括提出问题、寻求反馈、开展实验、反思改进、讨论失误或非预期的结果（Edmondson，1999）。团队学习行为并不一定反映学习所需的更多资源、更高资金等，而是涉及信息搜索和反思的决策过程，总的来说，通过这些过程给团队成员提供更多有用的知识和信息，建立一个更易于学习和减少心理风险的环境，进而鼓励人们学习。

学习有利于创新，逐渐增加一个人的能力，产生创造性的解决方案，对知识的渴望，可能刺激新的方法产生。Stata（1989）认为，组织学习可导致创新，尤其是在知识密集的产业中，个体与组织学习进而引导创新，才能成为组织中唯一可持久竞争优势的来源；West 等（1996）认为，反思活动的目的是从经验或错误中学习，高反思团队中，团队成员更倾向于制订详细的计划，关注长期的结果，对环境做出积极反应。反思是团队学习的一种重要方式，反思活动帮助成员发现目前的工作方法可能由于环境的变化已经过时，有利于开发新的工作方法（Tjosvold，1991）。由此，提出如下假设：

假设 3：团队学习行为对其成员创新行为具有显著的正向影响。

四、团队学习行为的调节作用

社会资本与学习行为密切相关。Grabher（2002）认为，社会网络链接为相互学习和创新提供了合适的条件；大量积累的社会资本有助于形成组织之间高度信任的网络关系，极大地促进组织间的交互学习，从而提高区域创新能力；Carmeli（2007）以以色列的企业为样本，研究发现社会资本与基于错误的学习行为呈正相关关系。同样，Tjosvold 等（2004）发现了从错误中学习和与合作目标的积极关系，在团队中，成员为实现目标而相互合作，更大程度地从错误中学习。Atuahene、Gima 和 Murray（2007）考察了社会资本对新产品开发中探索式学习和拓展式学习的不同影响，并探讨探索式学习和拓展式学习与新产品开发之间的关系，结果发现社会资本的不同维度与探索式学习和拓展式学习有显著的相关关系，学习对新产品开发有正向影响。

根据特质激活理论（Trait Activation Theory），团队情景可能产生一激活个体意向，当团队情景发挥作用时与此意向相关。情景的影响是明显的，人们有一个较高的意向去展示情景鼓励的行为。团队学习行为作为一个情景因素，鼓励和促进个体学习，使具有学习倾向的个体致力于学习。虽然低学习倾向的个体被团队学习行为激活的可能性较小，即没有被激活的特性，团队学习行为将激励具有高学习倾向的个体学习，进而刺激创新行为的产生。

团队学习行为有助于激活员工学习倾向，团队学习行为与学习倾向的交互会影响员工创造力，可以通过扩展当前的分析，进一步推进研究已被证明与创造力有关的个体差异（Hirst et al.，2009）。社会资本与创新的关系在一些情境下已被少数学者研究，而社会资本与团队学习行为的关系本研究也已阐述，基于这些研究，本研究认为，团队学习行为鼓励个体积极构建、利用社会关系网络，成员通过交流、共享和整合，学习社会资本网络中嵌入的知识，提升工作相关的专长及技能，有益于新方法和新思想的产生。

由此，提出如下假设：

假设4a：团队学习行为强化其成员拥有社会关系的数量（网络规模）对其创新行为的正向影响。

假设4b：团队学习行为强化其成员拥有社会关系的紧密程度（互动频率）对其创新行为的正向影响。

假设5：团队学习行为强化其成员学习倾向对其创新行为的正向影响。

本研究的多层线性模型如图13-1所示。

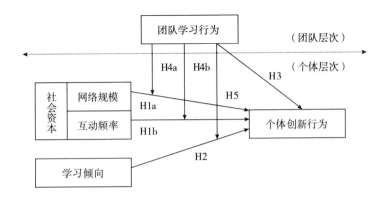

图13-1　个体创新行为的多层线性模型

第三节　研究方法

一、数据收集与样本描述

数据收集采用问卷调查方法，辅之以结构式访谈。研究问卷由个人基本信息、个体社会资本、个体学习倾向、个体创新行为、团队学习行为等部分构成。其中，个人基本信息包括性别、年龄、职称、教育水平、本专业领域工作时间。值得指出的是，创新行为的测量虽然是自我报告，但在项目设计时分自我评估和主管评估两方面，数据统计时取其均值。

本研究样本来自于上海市高新技术企业和科研院所，共发放问卷700份，回收540份，有效问卷523份，问卷有效率74.7%，参与研究的团队102个，团队规模3~9人。对调查对象的数据统计显示，男性占68%，女性占32%；在学历结构方面，大专占6.50%，本科占40.15%，硕士占32.70%，博士占20.65%。

由于数据收集采用问卷调查方法，本研究采用Harman一因子测试来检验是否存在可能的共同方法变异（Common Method Variance）问题。如果一个总因子的特征值在变量中占有绝大多数协方差的比率，则表明存在显著的共同方法变异问题（Podsakoff and Organ，1986）。我们对本研究的测量变量的所有项目进行主因子分析，发现有三个因子的特征值都大于1，总的贡献率为69.028%，其中第一个因子的方差解释率为28.289%，没有发现单一的因子，也没有发现哪一个因子的方差比率占绝大多数，因此，在本数据中不太可能存在显著的共同方法问题。

二、变量测量

团队学习行为参照Edmondson（1999）的量表，共7个项目，包括"我们定期地花时间找出改进团队工作流程的方法""团队以私人方式处理意见分歧，而不是作为一个团队""团队成员可能从其他相关单位（如竞争对手，或组织内其他部门）获得信息""团队成员经常搜索使我们作出了重大变化的新信息""团队中总会有人提醒团队反思工作进程""成员经常对讨论中的问题畅所欲言""我们邀请外部专家来做讲座或参与讨论"。每个项目采用 1~5 的等级分值，1—强烈反对，2—反对，3—中立，4—认同，5—强烈认同。7 个项目的 Cronbach's α 为 0.915。

个体社会资本则参考 Nahapiet 和 Ghoshal（1998）与 Tsai 和 Ghoshal（1998）量表，侧重于社会的结构维度，即社会互动网络的整体构型，包括个体与他人的互动人数（即网络规模）、个体与他人的互动频率。个体互动对象及互动人数的确定是结合与研发人员、研发经理代表或人力资源主管访谈的结果。互动对象包括四类：与团队内部成员、与部门内其他团队成员、与其他部门成员、与组织外同行。网络规模与互动频率的测量有 4 个项目：与团队内部成员的联系、与部门内其他团队成员的联系、与其他部门成员的联系、与组织外同行的联系。网络规模变量的每个项目采用 1~5 的等级分值，1—10 人以下，2—10~20 人，3—20~30 人，4—30~40 人，5—40 人以上。4 个项目的 Cronbach's α 为 0.879；互动频率变量的每个项目采用 1~5 的等级分值，1—很低，2—低，3——般，4—高，5—很高。4 个项目的 Cronbach's α 为 0.885。

学习倾向变量参考 Vande Walle（1997）的研究，包括"我经常找机会学习新的技能和知识""我喜欢挑战艰巨的工作任务，可以从中学到新技能""开发承担风险的工作能力，对我来说很重要""我更喜欢需要高能力和才华的工作"。每个项目采用 1~5 的等级分值，1—强烈反对，2—反对，3—中立，4—认同，5—强烈认同。4 个项目的 Cronbach's α 为 0.853。

创新行为变量的设计主要参考 Zhou 和 George（2001）与 Scott 和 Brace（1994）的研究，包括提出改进工作的新想法、提出创造性的问题解决方法和发现新的工作方法、技巧或工具的 3 个项目。每个项目采用 1~5 的等级，代表创新行为发生的频率，1—很低，2—低，3——般，4—高，5—很高。3 个项目的 Cronbach's α 为 0.858。

控制变量的选择，考虑创新是知识积累和运用的产出，而知识存量与运用能力又与个体接受的经验及教育紧密相关，所以选择年龄、任职时间、教育水平作为控制变量。

第四节　结果分析

研究变量的统计描述如表 13-1 所示，研究中使用 VIFs（Variance Inflation Factors）来检验多重共线性的问题，与预测因子相关的 VIF 值在 1.409~2.180 是可接受的（Hair et al, 1998）。

表 13-1　各变量均值、标准差、相关性

变量	均值	标准差	1	2	3	4	5	6
1. 性别	0.67	0.471	—	—	—	—	—	—
2. 任职时间	2.45	1.110	0.106 *	—	—	—	—	—
3. 教育水平	2.67	0.874	-0.121 **	-0.001	—	—	—	—
4. 网络规模	2.398	1.039	-0.082	0.124 **	-0.284 **	—	—	—
5. 互动频率	3.070	1.074	0.106 *	-0.032	0.403 **	0.281 **	—	—
6. 学习倾向	2.684	1.071	-0.044	-0.006	0.134 **	0.302 **	0.465 **	—
7. 创新行为	3.389	1.031	-0.061	0.118 **	0.501 **	0.471 **	0.409 **	0.347 **

注：** 表示小于 0.01 的显著性水平（双尾），* 表示小于 0.05 的显著性水平（双尾）。

本书采用 HLM（Hierarchical Linear Modeling）统计方法，创建多层线性模型，添加个体层次变量时，使用小组中心化（Group Centered），而团队层次的变量添加不要中心化，以减少可能的多重共线性问题（Raudenbush 和 Bryk, 2002）。为了检验提出的假设，第一步，建立没有预测变量的零模型；第二步，在零模型中引入个体层次变量，建立随机效应回归模型；第三步：引入团队层次变量；第四步，引入交互项进入多层模型。完整的多层线性模型如下：

个体层次：创新行为 $= \beta_0 + \beta_1(性别) + \beta_2(任职时间) + \beta_3(教育水平) + \beta_4(网络规模) + \beta_5(互动频率) + \beta_6(学习倾向) + r$

团队层次：$\beta_0 = \gamma_{00} + \gamma_{01}$（团队学习行为）$+ \mu_0$

$\beta_1 = \gamma_{10} + \mu_1$

$\beta_2 = \gamma_{20} + \mu_2$

$$\beta_3 = \gamma_{30} + \gamma_{31}（团队学习行为）+ \mu_3$$

$$\beta_4 = \gamma_{40} + \gamma_{41}（团队学习行为）+ \mu_4$$

$$\beta_5 = \gamma_{50} + \gamma_{51}（团队学习行为）+ \mu_5$$

$$\beta_6 = \gamma_{60} + \gamma_{61}（团队学习行为）+ \mu_6$$

建立零模型来检验创新行为组间方差的显著性水平，如模型 1 所示。数据显示，创新行为的组内方差 σ^2 为 0.910，组间方差 τ_{00} 为 0.155，χ^2 检验结果显示此组间方差显著（χ^2（101）= 189.052，$p < 0.001$）。跨级相关系数 ICC1 = 0.15，即个体创新行为的方差有 15% 是来自于组间方差，而 85% 是来自于组内方差。ICC2 是指群体平均数的信度，与 ICC1 和群体大小 k 有关，ICC2 =（k×ICC1）÷［1+（k-1）ICC1］= 0.95。

（1）个体层次检验结果。为了检验假设 1 和假设 2，第二步引入了个体变量网络规模、互动频率和学习倾向，因变量是创新行为。从表 13-2 中可以看出社会资本的两个维度网络规模、互动频率对于创新行为具有显著的正向影响，系数分别为 0.316 和 0.280，都在 0.01 水平上达到统计显著，假设 1a 和假设 1b 均得到支持，较之互动频率，网络规模对创新行为的影响更强和更显著。员工学习倾向与其创新行为有显著的正向关系（$\gamma_{60} = 0.196$，$p < 0.01$），由此，假设 2 得到支持，较之个体社会资本的影响，学习倾向稍弱。在第一层次方程中，加入四个自变量后组内方差减少的程度来计算 $R^2_{组内} = 0.80$，表示个体创新行为的组内方差有多大程度可被教育水平、网络规模、互动频率和学习倾向解释。此外，$\tau_{00} = 0.302$，χ^2 检验结果显示此组间方差显著（χ^2（80）= 856.327，$p < 0.01$），表示在第二层次可能存在团队层次变量。

（2）团队层次检验结果。第三步为了检验假设 3，将团队学习行为加入到团队层次以截距项作为结果变量的方程中，结果如表 13-2 所示。团队学习行为的系数为 0.150，在 0.01 水平上达到了统计显著，表示团队学习行为对其成员创新行为有显著的正向影响，假设 3 得到支持。$R^2_{组间}$ 为 0.06，表明有 6% 的个体创新行为组间方差可以被团队学习行为解释。χ^2 检验结果表明，网络规模、互动频率、学习倾向三个变量的回归系数在团队之间存在着明显的变异（χ^2（80）= 133.464，$p < 0.01$；χ^2（80）= 117.187，$p < 0.01$；χ^2（80）= 114.252，$p < 0.01$），说明了对个体和团队数据进行层次分析的必要性。

表 13-2　多层线性模型实证分析结果

变量	系数	标准误	T	χ^2	模型方差
空模型					
截距	3.391**	0.057	59.627	189.052	1501.689
个体层次					
截距	3.391**	0.057	59.415	856.327	882.728
性别	-0.069	0.045	-1.552	—	—
任职时间	0.004	0.026	0.164	—	—
教育水平	0.401**	0.036	11.083	—	—
网络规模	0.316**	0.024	12.894	—	—
互动频率	0.280**	0.030	9.208	—	—
学习倾向	0.196**	0.029	6.805	—	—
团队层次					
团队学习行为	0.150**	0.046	3.266	795.249	876.682
跨层次					
网络规模×团队学习行为	-0.082**	0.020	-4.055	813.202	880.067
互动频率×团队学习行为	0.096**	0.021	4.557	—	—
学习倾向×团队学习行为	0.053*	0.026	2.033	—	—

注：**表示小于 0.01 的显著性水平（单尾），*表示小于 0.05 的显著性水平（单尾）。

（3）跨层次调节检验结果。第四步为了检验假设 4，建立完整模型。以上步中 χ^2 检验显著的变量的回归系数作为因变量，以团队学习行为为自变量建立两层的回归方程来解释团队之间的变异。假设 4a、假设 4b 预测团队学习行为与其成员社会资本（网络规模、互动频率）之间有正向的交互作用，即当存在高团队学习行为时，成员社会资本与其创新行为之间的正相关会提高，如表 13-2 所示。其中，团队学习行为与网络规模交互项的斜率为 -0.082，并在 0.01 的水平上显著，这个结果与假设 4a 不一致。团队学习行为与互动频率的交互（$\gamma_{51} = 0.096$，$p < 0.01$）有正向的交互作用，假设 4b 得到实证结果的支持，图 13-2 表示在团队学习行为高的时候，互动频率与员工创新行为关系的斜率大一些，说明在团队学习行为高的环境下，互动频率大的员工创新行为高。

假设 5 指出，团队学习行为强化其成员学习倾向对其创新行为的正向影响，表 13-2 中数据显示，团队学习行为与学习倾向的交互系数 $\gamma_{61} = 0.053$ 在 0.05 的水平上达到统计显著，假设 5 得到实证结果的支持，交互作用如图 13-3 所示，表示在团队学习行为高的时候，学习倾向对员工创新行为的正向影响大。模型加入交互项后，完整模型对个体创新行为方差解释度 $R^2_{总} = R^2_{组内} \times (1 - ICC1) + R^2_{组间} \times ICC1 = 68\%$。

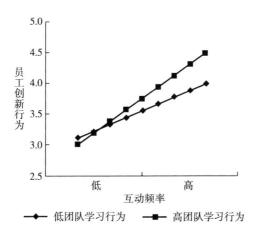

图 13-2　互动频率与团队学习行为的交互作用对其创新行为的影响

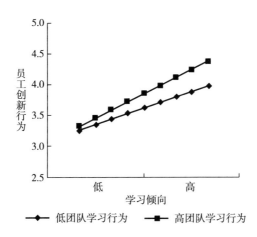

图 13-3　学习倾向与团队学习行为的交互作用对其创新行为的影响

第五节　讨论、管理启示及局限性

一、讨论

本研究采用跨层次分析方法检验了团队学习行为如何影响成员社会资本与学习倾向对其创新行为的影响，将总的变异分解为个体与团队两个水平，比传统线性回归更合理和准确的检验提出的假设，主要研究结论如下：

（1）个体社会资本对其创新行为具有显著的正向影响，一方面，网络规模大意味着与他人建立更多的关系，从而获得更多交流信息和知识的机会，有利于开阔视野和增长知识，进而促进创新行为；另一方面，互动频率高意味着人际互动频率的增加促进双方的理解、信任，增进了友谊，更易于获得隐性知识，相较于一般关系泛泛而谈获取的显性知识，隐性知识更有益于新的观念或方法的产生。个体学习倾向对其创新行为具有显著正向影响，这一结论支持 Janssen 和 Van Yperen（2004）的研究，即制药行业中员工的学习倾向可预测其创新行为，并在新的社会和组织情境下得到验证。

（2）团队学习行为对其成员创新行为具有显著的正向影响，表明在高团队学习行为的氛围中，团队会定期改进工作方法，搜索新信息，反思工作进程、开放性讨论工作中出现的问题，邀请专家开展讲座或培训，这些措施促使成员从经验、错误中学习或进行探索性学习，继而有益于创新行为的产生。

（3）团队学习行为可强化成员个体互动频率与其创新行为之间的正相关，成员从个体社会关系中获取了信息和知识，在高学习行为的团队氛围中，成员积极主动的学习，将这些信息和知识进行吸收、转化，提升了个体创新能力，更有利于新思想和新方法的产生。但是，团队学习行为对个体网络规模与其创新行为关系的正向调节作用没有得到实证结果的支持，可能的原因是：高团队学习行为意味着团队氛围鼓励主动学习、寻求反馈、分享信息、分析失误和不断尝试，但是如果个体网络规模过大，维护这些社会关系就需要成本，特别是时间成本，没有更多的时间学习、探索，必然减弱科研人员对业务的思考和专研程度，从而在业务工作中不太容易提出更多的新想法或解决问题的新方法；团队学习行为对个体学习倾向与其创新行为之间的关系有正向调节作用，高学习倾向的个体意味着具有较高的获得知识的内在动机，在高团队学习行为的环境下，对任务的兴趣带来的高学习内在动机，促使个体更投入工作，产生更多的创新行为。

二、管理启示

研发团队是企业创新的主体，对我国企业创新能力和竞争优势起着关键作用，如何有效管理研发团队，促进其成员的创新，是组织和管理者面临的新的挑战性问题。本研究不仅考虑个体因素对创新行为的影响，并且强调个体与团队因素结合对创新产生更大的影响。首先，在个体层面，企业应充分重视和发挥科研人员社会资本的积极作用。企业应创造条件鼓励科研人员与本单位同事和单位外同行多交流、联系和合作，建立交流互动网络，促进信息、知识的共享与合并，促进其创新行为，同时注意适当控制和引导科研人员的互动网络规模，避免因过多的社会交往而分散科研人员投入业务的时间和精力，从而避免削弱科研人员的创新意识和行为。应重视影响个体学习倾向的因素，结合员工职业定位和职业发展需求，通过管理实践和政策来激励员工学习的内在动机，使其更加投入工作，进而提高产生创新行为的可能。其次，根据跨层次研究结果，团队学习行为与个体互动频率、个体学习倾向结合会对个体创新行为产生更大的影响。由于大多从事创新活动的研发团队都面临一个持续变化的内外环境，而要成功应对这种环境的不确定性做出快速响应，并持续创新，当团队学习是关键因素，当团队学习鼓励成员对过去的工作进行反思改进，根据新需求探索学习新知识，制定新的目标和计划，并根据环境变化做出相应改变时，团队将会更加高效。建议团队领导重视培养团队学习行为，创建一个心理安全环境进行讨论和探索，鼓励团队成员之间的沟通合作，促进反思和学习，继而增加个体创新行为。

三、局限性

本研究也存在一些局限性，有待以后研究进一步改进。首先，本研究对创新行为的测量采用团队成员自我报告形式，虽然项目分为自我评估和主管评估两个方面，可能会在一定程度上降低主观性，但在可接受的范围内仍可能存在同源偏差问题，以后的研究应尽可能采用不同源的数据，创新行为的测量采用主管评估的数据。其次，本研究的对象来自上海、浙江高新技术企业与科研院所的研发团队，这在一定程度上影响了本研究的生态效度，以后的研究应进一步增强样本的代表性。

第十四章　团队社会资本对个体创新
行为的跨层次影响

第一节　研究目的

　　在国内外竞争日益加剧的商业环境中，持续成功的创新对组织生存、竞争优势的获得至关重要。创新行为作为一种组织行为，是个人、团队与组织因素的社会化交互过程。组织中的创新行为由个体、团队和组织三个层面的创新行为构成。其中，个体创新行为是组织创造力和创新绩效的基础。个体创新行为往往为组织创新提供了一个出发点，可以看作个体在工作上的一种方法，它产生新奇而适当的想法、过程和解决办法。而 Zhou 和 George（2001）认为，个人创新行为应该包括创新构想的产生、推广与发展执行方案等，这样才能确保个人创新的有效实现。在某种程度上，尽管组织创新并由此获得竞争优势是由多个因素决定的，但通常创新是植根于有创造性思想的员工个体中，因此，个体创新行为的决定因素日益被研究者所重视。

　　创新是一个技术过程，是知识获得和创造的过程，这与人力资本密切相关；同时，创新也是一个社会过程，是在一个特定的社会结构和环境中产生，又与社会资本密切相关。目前，人力资本、社会资本与创新行为的关系已引起国内外学者的关注和研究，但有关人力资本、社会资本对个体创新行为影响的跨层次研究的相关文献尚乏善可陈。本研究从人力资本和社会资本视角，构建个体与团体跨层次模型，研究当今组织中的两大资本对个体创新行为的作用，揭示跨层次社会资本与人力资本之间的交互作用对个体创新行为的影响。

第二节 理论与假设

一、人力资本与创新行为

现代人力资本理论创始人、美国经济学家 Schultz（1961）指出，个人对教育、职业培训、保健以及迁移的投入都是一种投资，这种投资的结果形成人力资本。Becker 发展了人力资本理论，将人力资本的研究从微观经济学扩大到人的行为范畴的研究，他认为，教育和经验是人力资本概念的关键特征，教育增加个体信息、知识、技能的存量，经验既包括工作经验，也包括在职的实践性学习及培训等非正式教育。教育是人力资本投资的主要方式，更高层次的教育反映了更大的人力资本投资，高学历的个体拥有更多的知识，表现优于他人，能够获得更多的机会。工作经验是投资的一种产出，可以提高个体人力资本，较长任期可以更好地了解整个公司，从工作中学习、发展专长，并取得企业具体的可贵经验，增加发展机会。

创新是知识积累和运用的产出，而知识存量与运用能力又与个体人力资本存量紧密相关。Simonton（1999）认为，个体要拥有更多领域相关的专业知识，并通过增加个人能力产生解决问题的方案，从而提高创新绩效。Andrews 和 Smith（1996）通过对营销研究文献的元分析发现，拥有更多市场环境知识的产品经理能提出更多创造性的营销计划。Marvel 和 Lumpkin（2007）研究了科技创业者的人力资本及对基础创新的影响，发现创业者的相关工作经验和正规教育水平均对基础创新有积极的显著影响。由此，提出如下假设：

假设 1a：个体人力资本中教育程度与其创新行为具有显著的正相关。

假设 1b：个体人力资本中工作经验与其创新行为具有显著的正相关。

二、社会资本与创新行为

社会资本的概念最早由法国社会学家 Bourdieu（1986）在 20 世纪 70 年代

提出，他认为社会资本是个人或团体所拥有的社会连带的总和，而社会资本的取得则需要靠连带的建立，维持与资源交换。关于社会资本结构维度的研究，Nahapiet 和 Ghoshal（1998）提出了社会资本三维框架：结构（网络连带、网络构型、专属组织）—关系（信任、规范、认同、义务）—认知（共有编码、共同语言、共同经历）。

综上所述，本研究聚焦于微观社会资本中的团队层次和个体层次，构建跨层次模型，研究人力资本和社会资本对个体创新行为的作用。在个体层次上，主要考虑个体人际互动网络的社会资本，通过人际互动，个体能获得并利用嵌入互动关系中的资源，个体社会资本维度参考 Nahapiet 和 Ghoshal（1998）的结构维度，确定了网络规模与互动强度两个子维度；在团队层次上，信任关系被许多研究证实是激发资源交换意愿的核心要素，绝大部分社会资本研究中都使用了信任，McCauley 和 Kuhnert（1992）从水平与垂直层次考察信任，采用同事信任与主管信任两个成熟的概念，根据领导—成员交换（LMX）理论及同事交换（TMX）理论，充分反映了团队内部的关系品质。因此，团队社会资本维度参考 Nahapiet 和 Ghoshal（1998）的关系与认知维度。

个体社会资本与其创新行为密切相关。Shalley（1995）运用实验室研究方法，比较处于独立工作状态和参与合作状态的两类不同个体之间存在的个体创新绩效方面的差异，发现团队成员的交流互动会提高个体创新的水平。Scott 和 Bruce（1994）研究证明，领导—成员资源交换的质量、群体—成员资源交换的质量对于个体创新行为均有正向影响。弱连带的数量与个体创新能力正相关，并且比强连带的数量更为显著，而位于网络的中心位置有利于个体提高创新能力。个体所拥有关系的数量与关系的紧密程度对知识创造有显著的正向影响，且呈二次关系。由此，提出如下假设：

假设 2a：个体拥有社会关系的数量（网络规模）与其创新行为具有显著的正相关。

假设 2b：个体拥有社会关系的紧密程度（互动频率）与其创新行为具有显著的正相关。

以往的社会资本研究主要集中于个人与组织层面，然而，目前为了更快适应复杂和不确定的全球商业环境，组织更多地采用团队作为组织结构的基本单位。团队社会资本为通过存在于团队自身社会结构中的成员社会关系以及更广泛的正式和非正式的组织结构，一个团队可利用的资源集合，并提出一个团队社会资本模型。柯江林等（2007）结合机会、意愿、能力观点，开发了团队社会资本六维度结构模型。在团队社会资本与创新行为的研究中，Merlo 和 Mann（2004）认为，项目团队中的成员互动行为会激励个人产生创新性的想法，引发创新行为。以中国台湾高科技公司的 54 个 R&D 项目团队为研究对象，发现社会资本中社会互动与网络连带对项目团队创新有显著的正向影响。由此，提出如下假设：

假设 3：团队社会资本与其成员的创新行为具有显著的正相关。

三、人力资本、社会资本与创新行为

西方少数学者开始从人力资本与社会资本互动或协同视角探索其对创新行为的影响。Alchian 和 Demsetz（1972）强调人力资本的合作效率，人力资本只有通过协作和发挥团队精神才能得到充分释放，这就说明社会资本对人力资本的形成具有协同效应，社会资本理论弥补了个体人力资本的不足。Subramaniam 和 Youndt（2005）将组织创新分为基础性创新与渐进性创新两种类型，通过对 93 家组织的研究，发现人力资本和社会资本的互动对基础性创新能力和渐进性创新能力都有显著的正向影响。社会资本以智力资本（包括人力资本、客户资本与结构资本）为中介对创新产生积极作用，并且当公司具有较高的社会资本时，智力资本对创新有积极影响。国内学者在此方面的研究大多是概念性研究。项保华和刘丽珍（2007）认为，社会资本强调个体参与群体的重要性，强调个体价值通过他人得到增加，社会资本对个体人力资本具有整合效应。由此，提出如下假设：

假设 4a：团队社会资本强化其成员人力资本中教育程度对其创新行为的正向影响。

假设 4b：团队社会资本强化其成员人力资本中工作经验对其创新行为的正向影响。

假设 4c：团队社会资本强化其成员社会资本中社会关系的数量（网络规模）对其创新行为的正向影响。

假设 4d：团队社会资本强化其成员社会资本中社会关系的紧密程度（互动频率）对其创新行为的正向影响。

综上所述，提出本研究的多层线性研究模型，如图 14-1 所示。

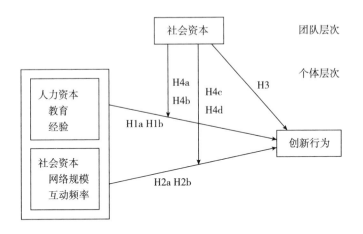

图 14-1　多层线性研究模型

第三节　研究方法

一、数据收集与样本描述

数据收集采用问卷调查方法，研究问卷由个人基本信息、个体人力资本、个体社会资本、团队社会资本、个体创新行为等部分构成。其中，个人基本信息包括性别、年龄、职称、教育水平、农业领域工作时间。值得指出的是，创新行为的测量虽然是自我报告，但在项目设计时分自我评估和主管评估两部分，数据统计时取其均值。

本研究样本来自南方三个省市的农业科研单位，以科研团队为调查对象，共发放问卷 650 份，回收 520 份，有效问卷 488 份，问卷有效率 75.1%。对调查对象的数据统计显示：男性占 67.6%，女性占 32.4%；在年龄结构方面，年龄在 20～29 岁的占 22.77%，在 30～39 岁的占 44.64%，在 40～49 岁的占 26.34%，在 50～59 岁的占 6.25%，团队所有成员的平均年龄是 36.45 岁

（SD=7.516）；在学历结构方面，大专占 6.47%，本科占 37.72%，硕士占 31.70%，博士占 24.11%；参与研究的团队 87 个，团队规模为 4~8 人。

二、变量测量

个体人力资本依据 Pennings 等（1998）与 Hitt 等（2001）的研究，采用了 2 个维度：教育程度、工作经验。教育程度以学历来衡量，分为大专、本科、硕士、博士 4 个等级分值；工作经验以科研工作人员在农业科研领域的实际工作年限来衡量。

个体社会资本则参考 Nahapiet 和 Ghoshal（1998）与 Tsai 和 Ghoshal（1998）的量表。网络规模与互动频率的测量有 4 个项目，包括"与课题组内部成员的联系""与研究所内其他课题组成员的联系""与农科院内其他研究所成员的联系""与农科院外同行的联系"。网络规模变量的每个项目采用 1~5 的等级分值，1—10 人以下，2—10~20 人，3—20~30 人，4—30~40 人，5—40 人以上。4 个项目的 Cronbach's α 为 0.856；互动频率变量的每个项目采用 1~5 的等级分值，1—很低，2—低，3——一般，4—高，5—很高。4 个项目的 Cronbach's α 为 0.887。

团队社会资本参照 Subramaniam 和 Youndt（2005）的研究，并借鉴他们的量表，共 7 个项目，包括"成员相互合作，诊断并解决问题""成员共享知识和信息，并相互学习""成员之间相互信任""成员认为领导所说的话是可信的""成员对项目所涉及的专业符号、用语、词义都很清楚""成员对团队总体目标的看法一致""对项目的重要决策，成员均能达成共识"。每个项目采用 1~5 的等级分值，1—强烈反对，2—反对，3—中立，4—认同，5—强烈认同。7 个项目的 Cronbach's α 为 0.945。

创新行为变量的设计主要参考 Zhou 和 George 与 Scott 和 Brace（1994）的研究，包括"提出改进工作的新想法""提出创造性的问题解决方法和发现新的工作方法、技巧或工具"的 3 个项目。每个项目采用 1~5 的等级分值，代表创新行为发生的频率，1—很低，2—低，3——一般，4—高，5—很高。3 个项目的 Cronbach's α 为 0.857。

第四节　结果分析

本研究旨在研究人力资本、社会资本与创新行为的关系，个体层面变量的统计描述如表 14-1 所示，研究中使用 VIFs（Variance Inflation Factors）来检验多重共线性的问题，与预测因子相关的 VIF 值在 1.294~2.162，是可接受的。

表 14-1　个人层次所有研究变量的均值、标准差、相关性

变量	均值	标准差	1	2	3	4
1. 教育	2.67	0.882	—	—	—	—
2. 经验	2.41	1.037	−0.007	—	—	—
3. 网络规模	2.68	1.071	0.348**	0.451**	—	—
4. 互动频率	3.03	1.044	0.510**	0.406**	0.624**	—
5. 创新行为	3.38	1.030	0.557**	0.554**	0.713**	0.763**

注：**表示小于 0.01 的显著性水平（双尾），*表示小于 0.05 的显著性水平（双尾）。

采用 HLM（Hierarchical Linear Modeling）统计方法，创建模型对提出的假设进行检验，模型与实证结果分别如表 14-2 和表 14-3 所示。首先，建立零模型，用于检验创新行为组间方差的显著性水平，如模型 1 所示。数据显示，创新行为的组内方差 σ^2 为 0.874，组间方差 τ_{00} 为 0.190，χ^2 检验结果显示此组间方差显著（$\chi^2(86) = 181.77$，$p<0.01$）。跨级相关系数 ICC1 = 0.18，即个体创新行为的方差有 18% 是来自于组间方差，而 82% 是来自于组内方差。ICC2 是指群体平均数的信度，与 ICC1 和群体大小 k 有关，ICC2 = （k × ICC1）/［1+（k−1）ICC1］= 0.95。

表 14-2　人力资本与社会资本对创新行为影响的多层线性模型

	模型 1	模型 2	模型 3	模型 4
个体层次	创新行为 = β_0+r	创新行为 = β_0+β_1（教育）+β_2（经验）+β_3（网络规模）+β_4（互动频率）+r	创新行为 = β_0+β_1（教育）+β_2（经验）+β_3（网络规模）+β_4（互动频率）+r	创新行为 = β_0+β_1（教育）+β_2（经验）+β_3（网络规模）+β_4（互动频率）+r
团队层次	$\beta_0=\gamma_{00}+\mu_0$	$\beta_0=\gamma_{00}+\mu_0$ $\beta_1=\gamma_{10}+\mu_1$ $\beta_2=\gamma_{20}+\mu_2$ $\beta_3=\gamma_{30}+\mu_3$ $\beta_4=\gamma_{40}+\mu_4$	$\beta_0=\gamma_{00}+\gamma_{01}$（社会资本）+$\mu_0$ $\beta_1=\gamma_{10}+\mu_1$ $\beta_2=\gamma_{20}+\mu_2$ $\beta_3=\gamma_{30}+\mu_3$ $\beta_4=\gamma_{40}+\mu_4$	$\beta_0=\gamma_{00}+\gamma_{01}$（社会资本）+$\mu_0$ $\beta_1=\gamma_{10}+\gamma_{11}$（社会资本）+$\mu_1$ $\beta_2=\gamma_{20}+\gamma_{21}$（社会资本）+$\mu_2$ $\beta_3=\gamma_{30}+\gamma_{31}$（社会资本）+$\mu_3$ $\beta_4=\gamma_{40}+\gamma_{41}$（社会资本）+$\mu_4$

为了检验假设 1 和假设 2，建立随机效应回归模型，不包括团队层面的自变量，在个体层面，自变量为教育、经验、网络规模和互动频率，因变量是创新行为，如模型 2 所示。可以看出，人力资本的两个变量教育和经验对于创新行为具有明显的正向预测效果，γ_{10}、γ_{20} 分别为 0.372 和 0.307，都在 0.01 水平上达到统计显著，假设 1a 和 1b 均得到支持，较之工作经验，受教育程度对创新行为的影响更强和更显著。网络规模和互动频率对创新行为的影响均是正向和显著的（γ_{30} = 0.217，p<0.01；γ_{40} = 0.284，p<0.01），由此，假设 2a 和假设 2b 均得到支持。较之科研人员的网络规模，互动频率对创新行为的影响更强和更显著。

在第一层次方程中，加入四个自变量后组内方差减少的程度来计算 R^2_{level1} =0.785，表示个体创新行为的组内方差有 79%可被教育、经验、网络规模、互动频率所解释。此外，τ_{00} = 0.329，χ^2 检验结果显示此组间方差显著（χ^2 (67) = 704.16，p<0.01），表示在第二层次有可能存在团队层次的变量。

为了检验假设 3，将团队社会资本加入到第二层模型中的以截距项作为结果变量的方程中，从而构建模型 3。其中，γ_{01} = 0.149，在 0.01 水平上达到了统计显著，表示团队社会资本与其成员的创新行为有正相关关系，假设 3 得到了支持。$R^2_{level2截距式}$ = (0.329-0.311)/0.329 = 0.055，表明有 5.5%的个体创新行为组间方差可以被团队社会资本解释。模型 3 的 χ^2 检验结果表明，教育、经验、网络规模和互动频率四个变量的回归系数在团队之间存在着明显的变异，说明了对两层数据进行层次分析的必要性。

表 14-3 人力资本与社会资本对创新行为影响的多层线性模型分析结果

变量	模型 1		模型 2		模型 3		模型 4	
	系数	标准误	系数	标准误	系数	标准误	系数	标准误
层次 1								
截距项（γ_{00}）	3.382**	0.064	3.382**	0.064	2.936**	0.133	3.005**	0.142
教育（γ_{10}）	—	—	0.372**	0.039	0.373**	0.039	0.691**	0.105
经验（γ_{20}）	—	—	0.307**	0.026	0.305**	0.026	0.548**	0.060
网络规模（γ_{30}）	—	—	0.217**	0.030	0.216**	0.030	0.011	0.064
互动频率（γ_{40}）	—	—	0.284**	0.033	0.288**	0.033	0.009	0.077
层次 2								
团队社会资本（γ_{01}）	—	—	—	—	0.149**	0.042	0.126*	0.048
跨层次								
教育×团队社会资本（γ_{11}）	—	—	—	—	—	—	-0.109**	0.030
经验×团队社会资本（γ_{21}）	—	—	—	—	—	—	-0.082**	0.020
网络规模×团队社会资本（γ_{31}）	—	—	—	—	—	—	0.076**	0.023
互动频率×团队社会资本（γ_{41}）	—	—	—	—	—	—	0.093**	0.020
方差								
σ^2	—	0.874	—	0.182	—	0.180	—	0.173
τ_{00}	—	0.190	—	0.329**	—	0.311**	—	0.313**
τ_{11}	—	—	—	0.046**	—	0.040**	—	0.030**
τ_{21}	—	—	—	0.017*	—	0.014*	—	0.009*
τ_{31}	—	—	—	0.011*	—	0.013*	—	0.010*
τ_{41}	—	—	—	0.008*	—	0.009*	—	0.006*
R^2								
R^2_{level1}	—	—	—	0.785	—	—	—	—
$R^2_{level2截距式}$	—	—	—	—	—	0.055	—	—
$R^2_{level2教育×团队社会资本}$	—	—	—	—	—	—	—	0.250
$R^2_{level2经验×团队社会资本}$	—	—	—	—	—	—	—	0.357
$R^2_{level2网络规模×团队社会资本}$	—	—	—	—	—	—	—	0.231
$R^2_{level2互动频率×团队社会资本}$	—	—	—	—	—	—	—	0.333

注：** 表示小于 0.01 的显著性水平（单尾），* 表示小于 0.05 的显著性水平（单尾）。

为了检验假设 4，建立完整模型如模型 4 所示。以模型 3 中 χ^2 检验显著的变量的回归系数作为因变量，用团队社会资本为自变量建立两层的回归方程来解释团队之间的变异。假设 4a、假设 4b 是预测团队社会资本与成员人力资本（教育、经验）之间有正向的交互作用，即当存在高团队社会资本时，成员人力资本与其创新行为之间的正相关会提高。模型 4 的结果显示，农业科研团队的社会资本与其成员人力资本（$\gamma_{11}=-0.109$，$p<0.01$；$\gamma_{21}=-0.082$，$p<0.01$）没有正向的交互作用，假设 4a、假设 4b 未得到实证统计结果的支持；假设 4c、假设 4d 指出，团队社会资本强化其成员社会资本（网络规模、互动频率）对其创新行为的正向影响，根据模型 4 的数据结果，其中团队社会资本与网络规模、互动频率的交互系数 γ_{31}、γ_{41} 分别是 0.076、0.093，都在 0.01 的水平上达到统计显著，假设 4c、假设 4d 得到实证结果的支持。

模型 4 数据中也报告了团队变量对个体层变量回归系数变异所解释的方差比例，其中，$R^2_{\text{level2教育×团队社会资本}}$ 和 $R^2_{\text{level2经验×团队社会资本}}$ 表明有 25% 成员的教育斜率方差和 35.7% 成员的经验斜率方差可以被团队社会资本解释；$R^2_{\text{level2网络规模×团队社会资本}}$ 和 $R^2_{\text{level2互动频率×团队社会资本}}$ 表明有 23.1% 成员的网络规模斜率方差和 33.3% 成员的互动频率斜率方差可以被团队社会资本解释。

第五节　讨论、管理启示及局限性

一、讨论

本研究以科研团队及其成员为样本，构建了人力资本与社会资本对创新行为影响的跨层次研究模型，将总的变异分解为个体与团队两个水平，得到比传统回归分析更合理和准确的结论。主要研究结论如下：

（1）科研人员人力资本与其创新行为呈显著的正相关。较之工作经验，受教育程度对创新行为的影响更强和更显著，这一结论与 Marvel 和 Lumpkin（2007）研究创业者的教育程度和工作经验对基础创新有积极的显著影响的结论类似。

（2）科研人员社会资本对其创新行为具有显著的正向影响。较多的社会关系能获得交流信息和知识的机会，有利于开阔视野和增长知识，进而促进创新行为。互动频率增加，会增进双方的理解、信任，共享更多的信息和经验，从而促进创新行为；相较于网络规模，互动频率对创新行为的影响较大，可能因为人们频繁的互动交往，增进了友谊，更容易通过交流网络获得隐性知识，相较于一般关系泛泛而谈获得的显性知识，隐性知识更有益于新的观念或方法的产生。

（3）团队社会资本对其成员的创新行为具有显著的正向影响。在高团队社会资本环境下，成员之间高度信任和合作，利用自己的社会资源，提出更多的创造性思想与办法，实现团队的目标；共同价值观会产生一种精神激励，能调动成员积极主动地进行社会资源交换与共享，从而促进科研人员的创新行为。

（4）团队社会资本可强化成员社会资本与其创新行为之间的正相关。但是，团队社会资本对成员人力资本与其创新行为关系的正向调节作用没有得到实证结果的支持，可能的原因有两个：一方面，高团队社会资本意味着成员之间高度信任、合作与共享，使成员产生团队归属和认同，对团队总体目标看法一致，对重要决策均能达成共识，成员在此环境下，无论人力资本的高与低，异质型人力资本容易演变为同质型人力资本，从而减少科研人员的创新行为；另一方面，结论可能与研究对象的人力资本构成有一定的关系，例如，若农业科研团队成员的学科教育、工作经验的同质性较强，互补性较差，而在高团队社会资本的环境下，加剧了人力资本的同质性演变，反而不利于新的创造性思想与工作方法的产生。

二、管理启示

随着全球化竞争的日益加剧和知识经济的不断发展，我国企业需要通过创新增强市场竞争力。因此，企业怎样利用与提升现有的人力资本与社会资本促进科研人员创新行为，则变得极为迫切。本研究提出，企业应充分重视和发挥科研人员人力资本和社会资本的积极作用；建议企业在不断开发科研人员人力资本的同时，通过在职培训、脱产学习等方式培育和提升人力资本；建议企业创造条件鼓励科研人员与本单位同事和单位外同行多交流、联系和合作，建立交流互动网络，促进信息、知识的共享与合并，促进其创新行为。跨层次研究成果还表明，团队社会资本对于个体层次的人力资本、社会资本与创新行为的关系具有调节作用，因此，在实践中，科研团队应利用团队社会资本促进成员社会资本进一步增长或扩充，使其可有效加以运用的网络规模变大，拥有的可能松散的社会关系变得更加紧密，重视资源交换与整合，以增加成员创新行为，具有现实的借鉴意义。

三、局限性

本研究也存在一些局限性。首先，本研究对创新行为的测量是采用团队成员自我报告形式，虽然项目分为自我评估和主管评估两个方面，可能会降低一定程度的主观性，但也可能存在共同方法偏差（Common Method Bias）而产生膨胀效应，以后的研究应尽可能采用不同源收集的数据。其次，本研究对象局限于农业科研单位的科研人员，农业科研人员或多或少都受所在行业及其机构特征的影响，研究结论更多反映农业科研人员的一些特征，将其类推到其他知识型团队时，可能存在适应性限制，未来研究可以尝试对其他类型的团队进行检验。

参考文献

［1］ Abernathy W. J. , Clark, K. Innovation: Mapping the Winds of Creative Destruction ［J］. Research Policy, 1985, 14（1）: 3-22.

［2］ Acemoglu D. The Crisis of 2008: Structural Lessons for and from Economics ［J］. Critical Review, 2009, 21（2/3）: 185-194.

［3］ Acquaah M. , Amoako-Gyampah K. , Jayaram J. Resilience in Family and Nonfamily Firms: An Examination of the Relationships Between Manufacturing Strategy, Competitive Strategy and Firm Performance ［J］. International Journal of Production Research, 2011, 49（18）: 5527-5544.

［4］ Ahuja G. , Lampert M. C. Entrepreneurship in the Large Corporation: A Longitudinal Study of how Established Firms Create Breakthrough Inventions ［J］. Strategic Management Journal, 2001, 22（6/7）: 521-543.

［5］ Akgün A. E. , Keskin H. Organisational Resilience Capacity and Firm Product Innovativeness and Performance ［J］. International Journal of Production Research, 2014, 52（23）: 6918-6937.

［6］ Alchian A. A. , Demsetz H. Production, Information Costs and Economic Organization ［J］. American Economic Review, 1972, 62（2）: 777-795.

［7］ Allen R. S. , Sompayrac J. , White C. S. How Closely are Temporary Workers Screened? Results of a National Survey of Temporary Agencies ［J］. SAM Advanced Management Journal, 2002, 67（2）: 31-36.

［8］ Amabile T. M. , Gryskiewicz S. S. Creativity in the R & D Laboratory ［R］. North Carolina: Center for Creative Leadership, 1987.

［9］ Amabile T. M. How to Kill Creativity ［J］. Harvard Business Review, 1998, 76 (5): 76.

［10］ Amabile T. M. A Model of Creativity and Innovation in Organizations ［J］. Research in Organizational Behavior, 1988, 10 (10): 123-167.

［11］ Amabile T. M. Creativity in Context ［M］. New York: Westview Press, 1996.

［12］ Amabile T. M. Motivating Creativity in Organizations: On Doing What You Love and Loving What You Do ［J］. California Management Review, 1997, 40 (1): 39-58.

［13］ Amann B., Jaussaud J. Family and Non-family Business Resilience in an Economic Downturn ［J］. Asia Pacific Business Review, 2012, 18 (2): 203-223.

［14］ Ancona D. G., Caldwell D. F. Bridging the Boundary: External Activity and Performance in Organizational Teams ［J］. Administrative Science Quarterly, 1992, 37 (4): 634-665.

［15］ Anderson J. C., Gerbing D. W. Structural Equation Modeling in Practice: A Review and Recommended Two-step Approach ［J］. Psychological Bulletin, 1988, 103 (3): 411-423.

［16］ Anderson N. R., West M. A. Measuring Climate for Work Group Innovation: Development and Validation of the Team Climate Inventory ［J］. Journal of organizational behavior, 1998, 19 (3): 235-258.

［17］ Andersson T., Cäker M., Tengblad S., et al. Building Traits for Organizational Resilience through Balancing Organizational Structures ［J］. Scandinavian Journal of Management, 2019, 35 (1): 36-45.

［18］ Andrew P. Leon M. The Relationship between Individual Creativity and Team Creativity: Aggregating cross People and Time ［J］. Journal of Organization Behavior, 2004, 25 (2): 235-257.

［19］ Andrews J., Smith D. C. In Search of the Marketing Imagination: Factors Affecting the Creativity of Marketing Programs for the Mature Products ［J］. Journal of Marketing Research, 1996, 33 (2): 174-187.

［20］ Andriopoulos C. , Lewis M. W. Exploitation – Exploration Tensions and Organizational Ambidexterity：Managing Paradoxes of Innovation ［J］. Organization Science, 2009, 20（4）：696-717.

［21］ Archibugi D. , Filippetti A. , Frenz M. Economic Crisis and Innovation：Is Destruction Prevailing over Accumulation？ ［J］. Research Policy, 2013, 42（2）：303-314.

［22］ Arygris C. , Schon D. A. Organizational Learning II：Theory, Method and Practice ［M］. MA：Addison-Wesley, 1996.

［23］ Atuahene-Gima K. , Murray J. Y. Exploratory and Exploitative Learning in Newproduct Development：A Social Capital Perspective on New Technology Ventures in China ［J］. Journal of International Marketing, 2007, 15（2）：1-29.

［24］ Avolio B, Bass B. Multifactor Leadership Questionnaire ［M］. Menlo Park：Mind Garden, 2004.

［25］ Avolio B. Full Range Leadership Development ［M］. Los Angeles：Sage, 2011.

［26］ Badu E. , O'brien A. P. , Mitchell R. , et al. Workplace Stress and Resilience in the Australian Nursing Workforce：A Comprehensive Integrative Review ［J］. Int J Ment Health Nurs, 2020, 29（1）：5-34.

［27］ Bardoel E. A. , Pettit T. M. , De Cieri H. , et al. Employee Resilience：An Emerging Challenge for HRM ［J］. Asia Pacific Journal of Human Resources, 2014, 52（3）：279-297.

［28］ Barney J. B. Organizational Culture：Can it be a Source of Sustained Competitive Advantage？ ［J］. Academy of Management Review, 1986, 11（3）：656-665.

［29］ Baron R. M. , Kenny D. A. The Moderator-mediator Variable Distinction in Social Psychological Research：Conceptual, Strategic and Statistical Considerations ［J］. Journal of Personality and Social Psychology, 1986, 51（6）：1173-1182.

［30］ Bass B. M. Transformational Leadership：Industrial, Military and Educational Impact ［M］. Mahwah：Erlbaum, 1998.

［31］Becker G. Human Capital ［M］. New York：Columbia University Press，1964.

［32］Benson G. S. ，Young S. M. ，Edward E. High-Involvement Work Practices and Analysts' Forecasts of Corporate Earnings ［J］. Human Resource Management，2006，45（4）：519-537.

［33］Bettenhausen K. Murnighan J. K. ，The Emergence of Norms in Competitive Decision-making Groups ［J］. Administrative Science Quarterly，1985，30（3）：350-372.

［34］Bhamra R. ，Dani S. ，Burnard K. Resilience：The Concept，a Literature Review and Future Directions ［J］. International Journal of Production Research，2011，49（18）：5375-5393.

［35］Bidault F. ，Castello A. Trust and Creativity：Understanding the Role of Trust in Creativity Oriented Joint Developments Francis ［J］. R&D Management，2009，39（3）：259-270.

［36］Birkinshaw J. ，Gibson C. B. Building Ambidexterity into an Organization ［J］. Sloan Management Review，2004，45（4）：47-55.

［37］Blau P. M. Inequality and Heterogeneity ［M］. New York：Free Press，1977.

［38］Boin A. ，Hart P. ，Stern E. ，et al. The Politics of Crisis Management：Understanding Public Leadership when it Matters Most ［M］. Cambridge：Cambridge University Press，2005.

［39］Boin A. ，Hart P. Public Leadership in Times of Crisis：Mission Impossible? ［J］. Public Administration Review，2003，63（5）：544-553.

［40］Bontis N. Intellectual Capital：An Exploratory Study that Develops Measures and Models ［J］. Management Decision，1998，36（2）：63-76.

［41］Borekci D. ，Rofcanin Y. ，Sahin M. Effects of Organizational Culture and Organizational Resilience over Subcontractor Riskiness ［J］. European Business Review，2014，26（1）：2-22.

［42］Borrill C. ，West M. ，Shapiro D. ，et al. Team Working and Effectiveness in Health Care ［J］. British Journal of Healthcare Management，2000，6

(8)：364-371.

[43] Boselie P. , Dietz G. , Boon C. Commonalities and Contradictions in HRM and Performance Research [J] . Human Resource Management Journal, 2005, 15 (3)：67-94.

[44] Richardson J. Handbook of Theory and Research for the Sociology of Education [M] . New York：Greenwood, 1986.

[45] Boyer K. K. , Lewis M. W. Competitive Priorities：Investigating the Need for Trade-offs in Operations Strategy [J] . Production and Operations Management, 2009, 11 (1)：9-20.

[46] Brown J. S. , Duguid P. Organizational Learning and Communities-of-Practice：Toward a Unified View of Working, Learning and Innovation [J] . Organization Science, 1991, 2 (1)：40-57.

[47] Brown T. F. Theoretical Perspectives on Social Capital [M] . London：Piman Publishing, 1997.

[48] Burns T. E. , Stalker G. M. The management of innovation [M]. London：Tavistock Publications, 1961.

[49] Calantone R. , Garcia R. , Droge C. The Effects of Environmental Turbulence on New Product Development Strategy Planning [J] . Journal of Product Innovation Management, 2003, 20 (2)：90-103.

[50] Calantone R. , Cooper R. G. New Product Scenarios：Prospects for Success [J] . The Journal of Marketing, 1981, 45 (2)：48-60.

[51] Cameron K. , Mora C. , Leutscher T. , et al. Effects of Positive Practices on Organizational Effectiveness [J] . The Journal of Applied Behavioral Science, 2011, 47 (3)：266-308.

[52] Camisón C. , Villar-López A. On how Firms Located in an Industrial District Profit from Knowledge Spillovers：Adoption of an Organic Structure and Innovation Capabilities [J] . British Journal of Management, 2012, 23 (3)：361-382.

[53] Carmeli A. Social Capital, Psychological Safety and Learning Behaviours from Failure in Organisations [J] . Long Range Planning, 2007, 40 (1)：30-44.

［54］ Chakravarthy B. Adaptation： A Promising Metaphor for Strategic Management ［J］. Academy of Management Review, 1982, 7（1）: 35-44.

［55］ Chandler A. D. Strategy and Structure： Chapters in the History of the Industrial Enterprise ［M］. Cambridge： MIT Press, 1962.

［56］ Chang C. L. H. , Lin T. C. The Role of Organizational Culture in the Knowledge Management Process ［J］. Journal of Knowledge Management, 2015, 19（3）: 433-455.

［57］ Chattopadhyay P. , Glick W. H. , Huber G. P. Organizational Actions in Response to Threats and Opportunities ［J］. Academy of Management Journal, 2001, 44（5）: 937-955.

［58］ Chen C. J. , Huang J. W. Strategic Human Resource Practices and Innovation Performance： The Mediating Role of Knowledge Management Capacity ［J］. Journal of Business Research, 2009, 62（1）: 104-114.

［59］ Chen X. P. , Peng S. Q. Guanxi Dynamics—Shifts in the Closeness of Ties between Chinese Coworkers ［J］. Management and Organization Review, 2008, 4（1）: 63-80.

［60］ Chen G. , Kanfer R. Toward a Systems Theory of Motivated Behavior in Work Teams ［J］. Research in organizational behavior, 2006（27）: 223-267.

［61］ Chung L. H. , Gibbon P. T. Corporate Entrepreneurship： The Roles of Ideology and Social Capital ［J］. Group and Organization Studies, 1997, 22（1）: 10-30.

［62］ Clauss T. , Abebe M. , Tangpong C. , et al. Strategic Agility, Business Model Innovation and Firm Performance： An Empirical Investigation ［J］. IEEE Transactions on Engineering Management, 2019, pp（99）: 1-18.

［63］ Coe N. M. , Johns J. , Ward K. Transforming the Japanese Labour Market： Deregulation and the Rise of Temporary Staffing ［J］. Regional Studies, 2011, 45（8）: 1091-1106.

［64］ Levinthal C. Absorptive Capacity： A New Perspective on Learning and Innovation ［J］. Administrative Science Quarterly, 1990, 35（1）: 128-152.

［65］ Cole M. S. , Bruch H. , Vogel B. Emotion as Mediators of the Relations between Perceived Supervisor Support and Psychological Hardiness on Employee Cynicism [J]. Journal of Organizational Behavior, 2006, 27 (4): 463-484.

[66] Collins C. J. , Clark K. D. Strategic Human Resource Practices, Top Management Team Social Networks and Firm Performance: The Role of Human Resource in Creating Organizational Competitive Advantage [J]. Academy of Management Journal, 2003, 46 (6): 740-751.

[67] Collins C. J. , Smith K. G. Knowledge Exchange and Combination: The Role of Human Resouce Practices in the Performance of High – technology Firms [J]. Academy of Management Journal, 2006 (49): 544-560.

[68] Hadley C. N. , Pittinsky T. L. , Sommer A. S. , et al. Measuring the Efficacy of Leaders to Assess Information and Make Decisions in a Crisis: The C – LEAD Scale [J]. The Leadership Quarterly, 2011, 22 (14): 633-648.

[69] Cooke F. L. , Cooper B. , Bartram T. , et al. Mapping the Relationships between High–performance Work Systems, Employee Resilience and Engagement: A Study of the Banking Industry in China [J]. The International Journal of Human Resource Management, 2016, 30 (8): 1239-1260.

[70] Coombs W. T. Ongoing Crisis Communication: Planning, Managing and Responding [M]. CA: Sage, 2005.

[71] Coutu D. L. How Resilience Works [J]. Harvard Business Review, 2002, 80 (5): 46-55.

[72] Covin J. G. , Slevin D. P. A Conceptual Model of Entrepreneurship as Firm Behavior [J]. Social Science Electronic Publishing, 1991, 16 (1): 7-25.

[73] Crossan M. , Lane H. , White R. An Organizational Learning Framework: From Intuition to Institution [J]. Academy of Management Review, 1999, 24 (3): 522-537

[74] Cyert R. M. , March J. G. A Behavioral Theory of the Firm [J]. Social Science Electronic Publishing, 1963, 4 (2): 81-95.

[75] Dalgaard–Nielsen A. Organizational Resilience in National Security Bureaucracies: Realistic and Practicable? [J]. Journal of Contingencies and Crisis Management, 2017, 25 (4): 341-349.

[76] Damanpour F. Organizational Innovation: A Meta-analysis of Effects of Determinants and Moderators [J]. The Academy of Management Journal, 1991 (34): 555-590.

[77] Davidov G. Joint Employer Status in Triangular Employment Relationships [J]. British Journal of Industrial Relations, 2004, 42 (4): 727-746.

[78] Davidov G. The Three Axes of Employment Relationships: A Characterization of Workers in Need of Protection [J]. University of Toronto Law Journal, 2002, 52 (4): 357-418.

[79] Davis-Blake A., Uzzi B. Determinants of Employment Externalization: A Study of Temporary Workers and Independent Contractors [J]. Administrative Science Quarterly, 1993, 38 (2): 195-223.

[80] Day G. S., Wensley R. Assessing Advantage: A Framework for Diagnosing Competitive Superiority [J]. Journal of Marketing, 1988, 52 (2): 1-20.

[81] Deakin S. The Changing Concept of the Employer in British Labour Law [J]. Industrial Law Journal, 2001, 30 (1): 72-84.

[82] DeMeuse K. P., Bergmann T. J., Lester S. W. An Investigation of the Relational component of the Psychological Contract across Time, Generation and Employment Status [J]. Journal of Managerial Issues, 2001, 13 (1): 102-118.

[83] Demmer W. A., Vickery S. K., Calantone R. Engendering Resilience in Small-and Medium-Sized Enterprises (SMEs): A Case Study of Demmer Corporation [J]. International Journal of Production Research, 2011, 49 (18): 5395-5413.

[84] Dennard H. L., Northup H. R. Leased Employment: Character, Numbers and Labor Law Problems [J]. Georgia Law Review, 1994 (28): 683-728.

[85] Dimas I. D., Rebelo T., Lourenco P. R., et al. Bouncing Back from Setbacks: On the Mediating Role of Team Resilience in the Relationship Between Transformational Leadership and Team Effectiveness [J]. Journal of Psychol, 2018, 152 (6): 358-372.

[86] Dougherty D., Hardy C. Sustained Product Innovation in Large, Mature Organizations: Overcoming Innovation-to-organization Problems [J]. Academy of

Management Journal, 1996, 39 (5): 1120-1153.

[87] Dougherty D. New Products in Old Organizations: The Myth of the Better Mousetrap in Search of the Beaten Path [D]. Cambridge: MIT, 1987.

[88] Drazin R., Glynn M. A., Kazanjian R. K. Multilevel Theorizing about Creativity in Organizations: A Sensemaking Perspective [J]. Academy of Management Review, 1999, 24 (2): 286-307.

[89] Druker J., Stanworth C. Mutual Expectations: A Study of the Three-way Relationship Between Employment Agencies, Their Client Organizations and White-collar Agency Temps [J]. Industrial Relations Journal, 2004, 35 (1): 58-75.

[90] Duchek S. Organizational Resilience: A Capability-based Conceptualization [J]. Business Research, 2019, 13 (1): 215-246.

[91] Dutton J. E., Jackson S. E. Categorizing Strategic Issues: Links to Organizational Action [J]. Academy of Management Review, 1987, 12 (1): 76-90.

[92] Dweck C. S. Self-theories: Their Role in Motivation, Personality and Development [M]. Ann Arbor: Psychology Press, 1999.

[93] Dyer J H, Nobeoka K. Creating and Managing a High-performance Knowledge-sharing Network: The Toyota Case [J]. Strategic Management Journal, 2000, 21 (3): 345-367.

[94] Dyer J. Singh J. The Relational View: Cooperative Strategy and Sources of Interorganizational Competitive Advantage [J]. Academy of Management Review, 1998, 23 (4): 660-679.

[95] Eagly A. H., Johannessen-Schmidt M. C., Van Engen M. L. Transformational, Transactional and Laissez-faire Leadership Styles: A Meta-analysis Comparing Women and Men [J]. Psychological Bulletin, 2003, 129 (4): 569-591.

[96] Edmondson A. C. Learning from Mistakes is Easier Said than Done: Group and Organizational Influences on the Detection and Correction of Human Error [J]. Journal of Applied Behavioral Science, 1996, 32 (1): 5-28.

[97] Edmondson A. Psychological Safety and Learning Behavior in Work Teams [J]. Administrative Science Quarterly, 1999, 44 (2): 350-383.

［98］ Eldor L. How Collective Engagement Creates Competitive Advantage for Organizations： A Business-Level Model of Shared Vision， Competitive Intensity and Service Performance ［J］. Journal of Management Studies， 2020， 57 （2）： 177-209.

［99］ Elliot A. J.， McGregor H. A. A 2×2 Achievement Goal Framework ［J］. Journal of Personality and Social Psychology， 2001， 80 （3）： 501-514.

［100］ Evans C. Managing for Knowledge： HR's Strategic Role ［M］. Amsterdam： Butterworth-Heinemann， 2003.

［101］ Fan W.， Luo Y.， Cai Y.， et al. Crossover Effects of Leader's Resilience： A Multilevel Mediation Approach ［J］. Journal of Managerial Psychology， 2020， 35 （5）： 375-389.

［102］ Faulkner B. Towards a Framework for Tourism Disaster Management ［J］. Tourism Management， 2001， 22 （2）： 135-147.

［103］ Fay D.， Borrill C.， Amir Z.， et al. Getting the Most out of Multidisciplinary Teams： A Multi-sample Study of Team Innovation in Health Care ［J］. Journal of Occupational and Organizational Psychology， 2006， 79 （4）： 553-567.

［104］ Fey C. F.， Denison D. R. Organizational Culture and Effectiveness： Can American Theory be Applied in Russia ［J］? Organization Science， 2003， 14 （6）： 686-706.

［105］ Fiedler F. E.， McGuire M.， Richardson M. The Role of Intelligence and Experience in Successful Group Performance ［J］. Journal of Applied Sport Psychology， 1989， 1 （2）： 132-149.

［106］ Fliaster A, Schloderer F. Dyadic Ties among Employees： Empirical Analysis of Creative Performance and Efficiency ［J］. Human Relations， 2010， 63 （10）： 1513-1540.

［107］ Foldy G. E.， Goldman L.， Ospina S. Sensegiving and the Role of Cognitive Shifts in the Work of Leadership ［J］. The Leadership Quarterly， 2008， 19 （5）： 514-529.

［108］ Ford C.， Gioia D. Factors Influencing Creativity in the Domain of Managerial Decision Making [J] . Journal of Management, 2000, 26 (4): 705-732.

[109] Fornell C. , Larcker D. F. Evaluating Structural Equation Models with Unobservable Variables and Measurement Error [J] . Journal of Marketing Research, 1981, 18 (3): 39-50.

[110] Foss N. J. The Emerging Knowledge Governance Approach: Challenges and Characteristics [J] . Organization, 2007, 14 (1): 29-52.

[111] Furnham A. , Gunter B. Corporate Culture: Definition, Diagnosis and Change [J] . International Review of Organizational Psychology, 1993 (8): 233-261.

[112] Gal R. , Jones F. O. Psychological Aspects of Combat Stress: A Model Derived from Lsraeli and other Combat Experiences [Z] . Unpublished Manuscript, 1985.

[113] Gao S. S. , Sung M. C. , Zhang J. Risk Management Capability Building in SMEs: A Social Capital Perspective [J] . International Small Business Journal: Researching Entrepreneurship, 2012, 31 (6): 677-700.

[114] Garcia R. , Calantone R. , Levine R. The Role of Knowledge in Resource Allocation to Exploration Versus Exploitation in Technologically Oriented Organizations [J] . Decision Sciences, 2003, 34 (2): 323-349.

[115] Norman G. Process and Reactive Schizophrenia: Some Conceptions and Issues [J] . Sohizophrenia, 1970, 1 (2): 30-74.

[116] Gaston N. , Kishi T. Part-time Workers doing Full-time Work in Japan [J] . Journal of The Japanese and International Economies, 2007, 21 (4): 435-454.

[117] Gatignon H. , Xuereb J. M. Strategic Orientation of the Firm and New Product Performance [J] . Joumal of Marketing Researeh, 1997, 34 (1): 77-90.

[118] Gatignon H. , Smith M. L. , Tushman W. , et al. A Structural Approach to Assessing Innovation: Construct Development of Innovation Locus, Type and Characteristics [J] . Management Science, 2002, 48 (9): 1103-1122.

[119] George E. , Levenson A. , Finegold D. , et al. Extra-role Behaviors among Temporary Workers: How Firms Create Relational Wealth in the United States

of America [J]. The International Journal of Human Resource Management, 2010, 21 (4): 530-550.

[120] Von Krogh G. Care in Knowledge Creation [J]. California Management Review, 1998, 40 (3): 133-153.

[121] Ghemawat P., Sol P. D. Commitment versus Flexibility? [J]. California Management Review, 1998, 40 (4): 26-42.

[122] Giambatista R. C., Rowe W. G., Riaz S. Nothing Succeeds Like Succession: A Critical Review of Leader Succession Literature Since 1994 [J]. The Leadership Quarterly, 2005, 16 (6): 963-991.

[123] Gima K. A., Murray J. Y. Exploratory and Exploitative Learning in New Product Development: A Social Capital Perspective on New Technology Ventures in China [J]. American Marketing Association, 2007, 15 (2): 1-29.

[124] Gittell J. H., Cameron K., Lim S., et al. Relationships, Layoffs and Organizational Resilience [J]. The Journal of Applied Behavioral Science, 2016, 42 (3): 300-329.

[125] Gittell J. H., Cameron K., Lim S., et al. Relationships, Layoffs and Organizational Resilience: Airline Industry Responses to September 11th [J]. Journal of Applied Behavioral Science, 2006, 42 (3): 300-330.

[126] Glass C., Cook A. Leading at the Top: Understanding Women's Challenges above the Glass Ceiling [J]. The Leadership Quarterly, 2016, 27 (1): 51-63.

[127] Gong Y. P., Kim T. Y., Zhu J., et al. A Multilevel Model of Team Goal Orientation, Information Exchange and Creativity [J]. Academy of Management Journal, 2013, 56 (3): 827-851.

[128] Goold M., Campbell A. Strategies and Styles: The Role of the Centre in Managing Diversifed Corporations [M]. Oxford: Basil Blackwell, 1987.

[129] Gough H. G. A Creative Personality Scale for the Adjective Check List [J]. Journal of Personality and Social Psychology, 1979, 37 (8): 1398-1405.

[130] Gover L, Duxbury L. Inside the Onion: Understanding What Enhances and Inhibits Organizational Resilience [J]. The Journal of Applied Behavioral Sci-

ence, 2018, 54 (4): 477-501.

[131] Grabher G. Cool Project, Boring Institutions: Temporary Collaboration in Social on Text [J]. Regional Studies, 2002, 36 (3): 205-214.

[132] Grabher G. The Project Ecology of Advertising: Tasks, Talents and Teams [J]. Regional Studies Special Issue, 2002, 36 (3): 245-262.

[133] Gupta A. K., Tesluk P. E., Taylor M. S. Innovation at and Across Multiple Levels of Analysis [J]. Organization Science, 2007, 18 (6): 885-897.

[134] Gupta A. K., Smith K. G., Shalley C. E. The Interplay Between Exploration and Exploitation [J]. The Academy of Management Journal. 2006, 49 (4): 693-706.

[135] Hage J., Aiken M. Routine Technology, Social Structure and Organization Goals [J]. Administrative Science Quarterly, 1969, 14 (3): 366-376.

[136] Hair J. F., Anderson R. E., Tatham R. L. T., et al. Multivariate Data Analysis [M]. New Jersey: Prentice-Hall Inc., 1998.

[137] Halverson S. K., Holladay C. L., Kazama S. M., et al. Self-sacrificial Behavior in Crisis Situations: The Competing Roles of Behavioral and Situational Factors [J]. The Leadership Quarterly, 2004, 15 (2): 263-275.

[138] Hambrick D. C., Mason P. A. Upper Echelons: The Organization as a Reflection of Its Top Managers [J]. Academy of Management Review, 1984, 9 (2): 193-206.

[139] Hamel G, Valikangas L. The Quest for Resilience [J] Harvard Business Review, 2003, 81 (9): 52-63.

[140] Hannah S. T., Uhl-Bien M., Avolio B. J., et al. A Framework for Examining Leadership in Extreme Contexts [J]. The Leadership Quarterly, 2009, 20 (6): 897-919.

[141] Hansen M. The Search-transfer Problem: The Role of Weak Ties in Sharing Knowledge Across Organizational Subunits [J]. Administrative Science Quarterly, 1999, 44 (1): 82-111.

[142] Harris I. C., Ruefli T. W. The Strategy/Structure Debate: An Examination of the Performance Implications [J]. Journal of Management Studies, 2000,

37 (4): 587-604.

[143] Hill C. W. L. , Rothaermel F. T. The Performance of Incumbent Firms in the Face of Radical Technological Innovation [J] . Academy of Management Review, 2003, 28 (2): 257-274.

[144] Hirst G. , Knippenberg D. V. , Zhou J. A Cross-level Perspective on Employee Creativity: Goal Orientation, Team Learning Behavior and Individual Creativity [J] . Academy of Management Journal, 2009, 52 (2): 280-293.

[145] Hitt M. A. , Bierman L. , Shimizu K. et al. Direct and Moderating Effects of Human Capital on Strategy and Performance in Professional Service Firms: A Resource-based Perspective [J] . Academy of Management Journal, 2001, 44 (1): 13-28.

[146] Hofstede G. , McCrae R. R. Personality and Culture Revisited: Linking Traits and Dimensions of Culture [J] . Cross-Cultural Research, 2004, 38 (1): 52-88.

[147] Hofstede G. Cultures and Organizations: Software of the Mind [M] . London: McGraw-Hill, 1991.

[148] Hofstede G. Culture's Consequences: Comparing Values, Behaviors, Institutions and Organizations Across Nations [M] . Thousand Oaks: Sage, 2001.

[149] Holling C. S. Resilience and Stability of Ecological Systems [J]. Annual Review of Ecology and Systematics, 1973, 4 (1): 1-23.

[150] Oh H. , Labianca G. , Chung M. A Multilevel Model of Group Social Capital [J] . Academy of Management Review, 2006, 31 (3): 569-582.

[151] Hoque K. , Kirkpatrick L. , Ruyter A. D. , et al. New Contractual Relationships in the Agency Worker Market: The Case of the UK's National Health Service [J] . British Journal of Industrial Relations, 2008, 46 (3): 389-412.

[152] House R. J. , Aditya R. The Social Scientific Study of Leadership: Quo Vadis? [J] . Journal of Management, 1997, 23 (3): 409-474.

[153] Houseman S. , Kalleberg A. , Erickcek G. The Role of Temporary Agency Employment in Tight Labour Markets [J] . Industrial and Labour Relations Review, 2003, 57 (1): 105-127.

［154］ Houseman S. N. Why Employers Use Flexible Staffing Arrangements：Evidence from an Establishment Survey ［J］ . Industrial and Labor Relations Review，2001，55（1）：149-170.

［155］ Howell J. P. ，Dorfman P. W. Substitutes for Leadership：Test of a Construct ［J］ . Academy of Management Journal，1981，24（4）：714-728.

［156］ Hulsheger U. ，Anderson N. ，Salgado J. Team-level Predictors of Innovation at Work：A Comprehensive Meta-analysis Spanning Three Decades of Research ［J］ . Journal of Applied Psychology，2009，94（5）：1128-1145.

［157］ Hult G. T. M，Ketehen D. J. Does Market Orientation Matter? A Test of the Relationship between Positional Advantage and Performance ［J］ . Strategic Management Journal，2001，22（9）：899-906.

［158］ Hurley R. F. ，Hult G. T. M. Innovation，Market Orientation and Organizational Learning：An Integration and Empirical Examination ［J］ . Journal of Marketing，1998，62（3）：42-54.

［159］ Huselid M. The Impact of Human Resource Management Practices on Turnover，Productivity and Corporate Financial Performance ［J］ . Academy of Management Journal，1995，38（3）：635-672.

［160］ Husted K. ，Liyanage S. Managing Research and Development for Continuous Change and Learning：A Case Study ［J］ . International Journal of Learning and Change，2005，1（1）：110-121.

［161］ Ibarra H. Personal Networks of Women and Minorities in Management：A Conceptual Framework ［J］ . The Academy of Management Review，1993，18（1）：56-87.

［162］ Im S. ，Workman J. P. Market Orientation，Creativity and New Product Performance in High - technology Firms ［J］ . Journal of Marketing，2004，68（2）：114-132.

［163］ Inkpen A. C. ，Tsang E. W. K. Social Capital，Networks and Knowledge Transfer ［J］ . Academy of Management Review，2005，30（1）：146-165.

［164］ Isaksen S. G. ，Lauer K. J. ，Ekvall G，et al. Perceptions of the Best and Worst Climates for Creativity：Preliminary Evidence for the Situational Outlook

Questionnaire［J］. Creativity Research Journal, 2001, 13（2）: 171-184.

［165］Jacobs J. The Death and Life of Great American Cities［M］. Harmond-sworth: Pengiun, 1965.

［166］Jaekson S. E. , Joshi A. Diversity in Social Context: A Nulti-attribute, Multilevel Analysis of Team Diversity and Sales Performance［J］. Joumal of Organizational Behavior, 2004, 25（6）: 675-702.

［167］James E. H. , Wooten L. P. , Dushek K. Crisis Management: Informing a New Leadership Research Agenda［J］. Academy of Management Annals, 2011, 5（1）: 455-493.

［168］James E. H. , Wooten L. P. Leadership as Unusual: How to Display Competence in Times of Crisis［J］. Organizational Dynamics, 2005, 34（2）: 141-152.

［169］Jansen J. J. P. , Van Den Bosch F. A. J. , Volberda H. W. Exploratory Innovation Exploitative Innovation and Performance: Effects of Organizational Antecedents and Environmental Moderators［J］. Management Science, 2006, 52（11）: 1661-1674.

［170］Jansen J. J. P. , Van Den Bosch F. A. J. , Volberda H. W. Managing Potential and Realized Absorptive Capacity: How Do Organizational Antecedents Matter?［J］. Academy of Management Journal, 2005, 48（6）: 999-1015.

［171］Jansen J. J. P. , Volberda H. W. , Van Den Bosch F. A. J. Exploratory Innovation, Exploitative Innovation and Ambidexterity: The Impact of Environmental and Organizational Antecedents［J］. Schmalenbach Business Review, 2005, 57（4）: 351-363.

［172］Janssen O. , Van Yperen N. W. Employees' Goal Orientations, the Quality of Leader-member Exchange and the Outcomes of Job Performance and Job Satisfaction［J］. Academy of Management Journal, 2004, 47（3）: 368-384.

［173］Jassawalla A. R. , Sashittal H. C. Cultures that Support Product-innovation Processes［J］. Academy of Management Perspectives, 2002, 16（3）: 42-54.

［174］Jaworski B. J. , Kohli A. K. Market Orientation-antecedents and Consequences [J] . Journal of Marketing, 1993, 57 (3): 53-70.

[175] Perry-Smith J. E. Social Yet Creative: The Role of Social Relationships in Facilitating Individual Creativity [J] . Academy of Management Journal, 2006, 49 (1): 85-101.

[176] Judge T. A. Bretz R. B. Political Influence Behavior and Career Success [J] . Journal of Management, 1994, 20 (1): 43-65.

[177] Kahn W. A. , Barton M. A. , Fisher C. M. , et al. The Geography of Strain: Organizational Resilience as a Function of Intergroup Relations. Academy of Management Review, 2018, 43 (3): 509-529.

[178] Kalleberg A. , Reynolds J. , Marsden P. V. Externalizing Employment: Flexible Staffing Arrangements in US Organizations [J] . Social Science Research, 2003, 32 (4): 525-552.

[179] Kalleberg A. L. , Schmidt K. Organizations in America: Analyzing Their Structures and Human Resource Practices [M] . Thousand Oaks: Sage, 1996.

[180] Kang S. C. , Morris S. S. , Snell S. A. Relational Archetypes, Organizational Learning and Value Creation: Extending the Human Resource Architecture [J] . Academy of Management Review, 2007, 32 (1): 236-256.

[181] Kang S. C. , Morris S. S. , Snell S. A. Extending the Human Resource Architecture: Relational Archetypes and Value Creation [J] . CAHRS' Working Paper Series, 2003.

[182] Kang S. C. , Snell S. A. Intellectual Capital Architectures and Ambidextrous Learning: A Framework for Human Resource Management [J] . Journal of Management Studies, 2009, 46 (1): 65-92.

[183] Kantur D. , Iserisay A. J. , Organizational Resilience: A Conceptual Integrative Framework [J] . 2012, 18 (6): 762-773.

[184] Katila R. , Ahuja G. Something Old, Something New: A Longitudinal Study of Search Behavior and New Product Introduction [J] . Academy of Management Journal, 2002, 45 (6): 1183-1194.

[185] Keller R. Cross-functional Project Groups in Research and New Product Development: Diversity, Communica-tions, Job Stress and Outcomes [J] . Acad-

emy of Management Journal, 2001, 44 (3): 547-555.

[186] Keskin H. Market Orientation, Learning Orientation and Innovation Capabilities in SMEs: An Extended Model [J]. European Journal of Innovation Management, 2006, 9 (4): 396-417.

[187] Kiesler S. B. Interpersonal Processes in Groups and Organizations [M]. Arlington Heights: AHM Publishing, 1978.

[188] Kiffin-Petersen. Trust: A Neglected Variable in Team Effectiveness Research [J]. Journal of the Australian and New Zealand Academy of Management, 2004, 10 (1): 38-53.

[189] King N., Anderson N. Innovation in Working Groups [A] //West M. A., Farr J. L., Innovation and Creativity at Work [M]. Chichester: Wiley, 1990: 81-100.

[190] Kogut B., Zander U. Knowledge of the Firm, Combinative Capabilities and the Replication of Technology [J]. Organization Science, 1992, 3 (3): 383-497.

[191] Kohli A. K., Jaworski B. J. Market Orientation: The Construct, Research Propositions and Managerial Implications [J]. Journal of Marketing, 1990, 54 (2): 1-18.

[192] Kraimer M. L., Wayne S. J., Sparrow R. T., et al. The Role of Job Security in Understanding the Relationship between Employees Perception of Temporary Workers and Employees Performance [J]. Journal of Applied Psychology, 2005, 90 (2): 389-398.

[193] Kraus S., Clau T., Breier M., et al. The Economics of COVID-19: Initial Empirical Evidence on How Family Firms in Five European Countries Cope with the Corona Crisis [J]. International Journal of Entrepreneurial Behaviour and Research, 2020, 26 (5): 1067-1092.

[194] Kreitner R., Kinicki A. Organizational Behaviour [M]. Boston: McGraw-Hill, 2004.

[195] Kvasnicka A., Werwatz A. Temporary Agency Workers-Their Employment Conditions and Prospects [J]. Economic Bulletin, 2003, 40 (2):

437-444.

［196］Lai Y., Saridakis G., Blackburn R., et al. Are the HR Responses of Small Firms Different from Large Firms in Times of Recession? ［J］. Journal of Business Venturing, 2016, 31 (1): 113-131.

［197］Langerak F. An Appraisal of Research on the Predictive Power of Market Orientation ［J］. European Management Journal, 2003, 21 (4): 447-464.

［198］Lautsch B. A. Uncovering and Explaining Variance in the Features and Outcomes of Contingent Work ［J］. Industrial and Labour Relations Review, 2002, 56 (1): 23-43.

［199］Lee A. V., Vargo J., Seville E. Developing a Tool to Measure and Compare Organizations' Resilience ［J］. Natural Hazards Review, 2013, 14 (1): 29-41.

［200］Lee H., Choi B. Knowledge Management Enablers, Processes and Organizational Performance: An Integrative View and Empirical Examination ［J］. Journal of Management Information Systems, 2003, 20 (1): 179-228.

［201］Lee J., Lee J., Lee H. Exploration and Exploitation in the Presence of Network Externalities ［J］. Management Science, 2003, 49 (4): 553-570.

［202］Lemon M., Sahota P. S. Organizational Culture as A Knowledge Repository for Increased Innovative Capacity ［J］. Technovation, 2004, 24 (6): 483-498.

［203］Lengnick-Hall C. A., Beck T. E., Lengnick-Hall M. L. Developing a Capacity for Organizational Resilience through Strategic Human Resource Management ［J］. Human Resource Management Review, 2011, 21 (3): 243-255.

［204］Lengnick-Hall C. A., Beck T. E. Adaptive Fit Versus Robust Transformation: How Organizations Respond to Environmental Change ［J］. Journal of Management, 2005, 31 (5): 738-757.

［205］Lengnick-Hall C. A., Beck T. E. Beyond Bouncing Back: The Concept of Organizational Resilience ［C］//Paper Presented at the National Academy of Management Meetings, 2003.

［206］Levinthal D., March J. G. The Myopia of Learning ［J］. Strategic

Management Journal, 1993 (14): 95-112.

[207] Li T. , Calantone R. J. The Impact of Market Knowledge Competence on New Product Advantage: Conceptualization and Empirical Evidence [J] . Journal of Marketing, 1998 (62): 13-29.

[208] Liao J. , Welsch H. , Stoica M. Organizational Absorptive Capacity and Responsiveness: An Empirical Investigation of Growth Oriented Smes [J]. Entrepreneurship Theory and Practice, 2003, 28 (1): 63-85.

[209] LIN C. P. To Share or not to Share: Modeling Tacit Knowledge Sharing, Its Mediators and Antecedents [J] . Journal of Business Ethics, 2007, 70 (4): 411-428.

[210] Lincoln J. R. , Miller J. Work and Friendship Ties in Organizations: A Comparative Analysis of Relation Networks [J] . Administrative Science Quarterly, 1979, 24 (2): 181-199.

[211] Liu C. T. , Wu C. , Hu C. W. Managing Temporary Workers by Defining Temporary Work Agency Service Quality [J] . Human Resource Management, 2010, 49 (4): 619-646.

[212] Liu D. , Zhang Z. , Wang M. Mono – Level and Multilevel Mediated Moderation and Moderated Mediation [M] // Empirical Methods in Organization and Management Research. Beijing: Peking University Press, 2012: 553-587.

[213] Lockwood N. R. Crisis Management in Today's Business Environment: HR's Strategic Role [J] . HR Magazine, 2005, 50 (12): 1-10.

[214] Louie A. M. , Ostry A. S. , Quinlan M. , et al. Empirical Study of Employment Arrangements and Precariousness in Australia [J] . Relations Industrielles/Industrial Relations, 2006, 61 (3): 465-486.

[215] Lukas B. , Ferrell O. The Effect of Market Orientationon Product Innovation [J] . Journal of the Academy of Marketing Science, 2000, 28 (2): 239-247.

[216] Luther S. S. , Cicchetti D. , Becker B. The Construct of Resilience: A Critical Evaluation and Guidelines for Future Work [J] . Child Development, 2000, 71 (3): 543-562.

［217］Lv W. , Wei Y. , Li X. , et al. What Dimension of CSR Matters to Organizational Resilience? Evidence from China ［J］. Sustainability, 2019, 11 (6): 1561.

［218］Lynn B. E. Intellectual Capital: Unearthing Hidden Value by Managing Intellectual Assets ［J］. Ivey Business Journal, 2000, 64 (3): 48-52.

［219］Madera J. M. , Smith D. B. The Effects of Leader Negative Emotions on Evaluations of Leadership in a Crisis Situation: The Role of Anger and Sadness ［J］. The Leadership Quarterly, 2009, 20 (2): 103-114.

［220］Mahoney J. T. The Management of Resources and the Resource of Management ［J］. Journal of Business Research, 1995 (33): 91-101.

［221］Mallak L. A. Measuring Resilience in Health Care Provider Organizations ［J］. Health Manpow Manage, 1998, 24 (4-5): 148-152.

［222］Manev I. M. , Stevenson W. B. Nationality, Cultural Distance and Expatriate Status: Effects on the Managerial Network in a Multinational Enterprise ［J］. Journal of International Business Studies, 2001, 32 (2): 285-302.

［223］March J. Exploration and Exploitation in Organizational Learning ［J］. Organization Science, 1991, 2 (1): 71-87.

［224］Martins E. C. , Terblanche F. Building Organisational Culture That Stimulates Creativity and Innovation ［J］European Journal of Innovation Management, 2003, 6 (1): 64-74.

［225］Martinsons M. G. Knowledge-based Systems Leverage Human Resource Management Expertise ［J］. International Journal of Manpower, 1995, 16 (2): 17-34.

［226］Marvel M. R. , Lumpkin G. T. Technology Entrepreneurs' Human Capital and Its Effects on Innovation Radicalness ［J］. Entrepeneurship Theory and Practice, 2007, 31 (6): 807-828.

［227］Maslow A. Motivation and personality ［M］. New York: Harper and Row, 1970.

［228］Masten A. S. Ordinary Magic: Resilience Processes in Development ［J］. American Psychologist, 2001, 56 (3): 227-238.

[229] Mathisen G. E. , Martinsen Ø. , Einarsen S. The Relationship Between Creative Personality Composition, Innovative Team Climate and Team Innovativeness: An Input-Process-Output Perspective [J] . The Journal of Creative Behavior, 2008, 42 (1): 13-31.

[230] Marvel M. R. , Lumpkin G. T. Technology Entrepreneurs' Human Capital and Its Effects on Innovation Radicalness [J] . Entrepeneurship Theory and Practice, 2007, 3 (16): 807-828.

[231] Mccann J. Organizational Effectiveness: Changing Concepts for Changing Environments [J] . Human Resource Planning, 2004 (27) .

[232] McCauley D. P. , Kuhnert K. W. A Theoretical Review and Empirical Investigation of Employee Trust in Management [J] . Public Administration Quarterly, 1992, 16 (3): 265-283.

[233] Mcfadyen M. A. , Cannella A. A. Social Capital and Knowledge Creation: Diminishing Returns of the Number and Strength of Exchange Relationships [J] . Academy of Management Journal, 2004, 47 (5): 735-746.

[234] Mcmanus S. , Seville E. , Vargo J. , et al. Facilitated Process for Improving Organizational Resilience [J] . Natural Hazards Review, 2008, 9 (2): 81-90.

[235] Medsker G. J. , Williams, L. J. , Holahan P. J. A Review of Current Practice for Evaluating Causal Models in Organizational Behavior and Human Resources Management Research [J] . Journal of Management, 1994, 20 (2): 439-464.

[236] Bowers M. R. , Hall J. R. , Srinivasan M. M. Organizational Culture and Leadership Style: The Missing Combination for Selecting the Right Leader for Effective Crisis Management [J] . Business Horizons, 2017, 60 (4): 551-563.

[237] Merlo P. , Mann L. The Relationship between Individual Creativity and Team Creativity: Aggregating across People and Time [J] . Journal of Organizational Behavior, 2004, 25 (2): 235 -257.

[238] Michaelis B. , Stegmaier R. , Sonntag K. Affective Commitment to Change and Innovation Implementation Behavior: The Role of Charismatic Leader-

ship and Employees' Trust in Top Management [J] . Journal of Change Management, 2009, 9 (4): 399-417.

[239] Milliken F. J. , Bartel C. A. , Kurtzberg T. R. Diversity and Creativity in Work Groups: A Dynamic Perspective on the Affective and Cognitive Processes That Link Diversity and Performance [M] //. Group Creativity: Innovation Through Collaboration, 2003: 32-62.

[240] Chen M. H. , Chang Y. C. Hung S. C. Social Capital and Creativity in R&D Project Teams [J] . R&D Management, 2008, 38 (1): 21-33.

[241] Minichilli A. , Brogi M. , Calabro A. Weathering the Storm: Family Ownership, Governance and Performance through the Financial and Economic Crisis [J] . Corporate Governance: An International Review, 2016, 24 (6): 552-568.

[242] Mitlacher L. W. Job Quality and Temporary Agency Work: Challenges for Human Resource Management in Triangular Employment Relations in Germany [J] . The International Journal of Human Resource Management, 2008, 19 (3): 446-460.

[243] Mitroff I. L. Crisis Leadership: Planning for the Unthinkable [M] . NJ: Wiley Hoboken, 2004.

[244] Mohrman S. A. , Cohen S. G. Morhman A. M. Designing Team-based Organizations: New Forms for Knowledge Work [M] . San Francisco: Jossey-Bass, 1995.

[245] Moorman C. , Miner A. S. Organizational Improvisation and Organizational Memory [J] . Academy of Management Review, 1998, 23 (4): 698-723.

[246] Morgan K. The Learning Region: Institutions, Innovation and Regional Renewal [J] . Regional Studies, 1997, 31 (5): 491-503.

[247] Muchinsky P. M. , Monahan C. J. What is Person-environment Congruence? Supplementary Versus Complementary Model of Fit [J] . Journal of Vocational Behavior, 1987, 31 (3): 268-277.

[248] Mumford M. D. Handbook of Organizational Creativity [M] . Sakt Lake City: Acodemic Press, 2011.

[249] Mumford M. D. , Gustafson S. B. Creativity Syndrome: Integration,

Application and Innovation [J]. Psychological Bulletin, 1988, 103 (1): 27-43.

[250] Nahapiet J., Ghoshal S. Social Capital, Intellectual Capital and the Organizational Advantage [J]. Academy of Management Review, 1998, 23 (2): 242-266.

[251] Narver J. C., Slater S. F. The Effect of a Market Orientation on Business Profitability [J]. The Journal of marketing, 1990, 54 (4): 20-35.

[252] Neuman G. A., Wagner S. H., Christiansen N. D. The Relationship between Work-team Personality Composition and the Job Performance of Teams [J]. Group and Organization Management, 1999, 24 (1): 28-45.

[253] Nienhüser W., Matiaske W. Effects of the "Principle of Non-discrimination" on Temporary Agency Work in 15 European Countries [J]. Industrial Relations Journal, 2006, 37 (1): 64-77.

[254] Noble C. H., Sinha R. K., Kumar A. Market Orientation and Alternative Strategic Orientations: A Longitudinal Assessment of Performance Implications [J]. Journal of Marketing, 2002, 66 (4): 25-39.

[255] Nonaka I., Konno N. The Concept of "Ba": Building a Foundation for Knowledge Creation [J]. California Management Review, 1998, 40 (3): 40-54.

[256] Nonaka I. Dynamic Theory of Organizational Knowledge Creation [J]. Organization Science, 1994 (5): 14-37.

[257] Nossar I. Labour Law and Labour Market Regulation: Essays on the Construction, Constitution and Regulation of Labour Markets [M]. Sydney: Federation Press, 2006.

[258] O'Reilly C. A., Tushman M. L. The Ambidextrous Organization [J]. Harvard Business Review, 2004, 82 (4): 74-81.

[259] O'Reilly C. A., Tushman M. L. Ambidexterity as a Dynamic Capability: Resolving the Innovator's Dilemma [A] // Staw B. M., Brief A. P. Research in Organizational Behavior [C]. 2008, 28: 185-206.

[260] Orchiston C., Prayag G., Brown C. Organizational Resilience in the Tourism Sector [J]. Annals of Tourism Research, 2016, 56: 145-148.

[261] Ortiz-De-Mandojana N. , Bansal P. The Long-term Benefits of Organizational Resilience through Sustainable Business Practices [J] . Strategic Management Journal, 2016, 37 (8): 1615-1631.

[262] Orton J. D. , Weick K. E. Loosely Coupled Systems: A Reconceptualization [J] . Academy of Management Review, 1990, 15 (2): 203-223.

[263] Oshagbemi T. The Impact of Personal and Organizational Variables on the Leadership Styles of Managers [J] . The International Journal of Human Resource Management, 2008, 19 (10): 1896-1910.

[264] Paiva E. L. , Roth A. V. , Fensterseifer J. E. Organizational Knowledge and the Manufacturing Strategy Process: A Resource – based View Analysis [J] . 2008, 26 (1): 115-132.

[265] Pal R. , Torstensson H. , Mattila H. Antecedents of Organizational Resilience in Economic Crises: An Empirical Study of Swedish Textile and Clothing SMEs [J] . International Journal of Production Economics, 2014, 147 (1): 410-428.

[266] Panteli N. , Sockalingam S. Trust and Conflict within Virtual Inter-organizational Alliances: A Framework for Facilitating Knowledge Sharing [J]. Decision Support Systems, 2005, 39 (4): 599-617.

[267] Paton D. , Millar M. , Johnston D. J. N. H. Community Resilience to Volcanic Hazard Consequences [J] . Natural Hazards, 2001, 24 (2): 157-169.

[268] Pearce C. I. , Ensley M. D. A Reciprocal and Longitudinal Investigation of the Innovation Process: The Central Role of a Shared Vision in Product and Process Innovation Teams (PPITS)[J] . Journal of Organizational Behavior, 2004, 25 (2): 259-278.

[269] Pearson, Clair. Reshaping Crisis Management [J] . Academy of Management Review, 1998, 23 (1): 59-76.

[270] Pennings J. M. , Lee K. , Witteloostuijn A. V. Human Capital, Social Catpital and Firm Dissolution [J] . Academy of Management Journal, 1998 (41): 425-440.

[271] Pettigrew T. F. , Tropp L. R. A Meta-Analytic Test of Intergroup Con-

tact Theory〔J〕. Journal of Personality and Social Psychology, 2006, 90 (5): 751-783.

〔272〕Pfeffer J. O' Reilly C. Hospital Demography and Turnover among Nurses〔J〕. Industrial Relations, 1987, 26 (2): 158-173.

〔273〕Pinto J. K. , Prescott J. E. Variations in Critical Success Factors over the Stages in the Project Life Cycle〔J〕. Journal of Management, 1988, 14 (1): 5-18.

〔274〕Pirola-Merlo A. , Mann L. The Relationship between Individual Creativity and Team Creativity: Aggregating Across People and Time〔J〕. Journal of Organizational Behavior, 2004, 25 (2): 235-257.

〔275〕Podsakoff P. , Organ D. Self-reports in Organizational Research: Problems and Prospects〔J〕. Journal of Management, 1986, 12 (4): 531-544.

〔276〕Popper M. , Lipshitz R. Organizational Learning Mechanisms: A Structural and Cultural Approach to Organizational Learning〔J〕. Journal of Applied Behavioral Science, 1998, 34 (2): 161-179.

〔277〕Porter L. W. , McLaughlin G. B. Leadership and the Organizational Context: Like the Weather〔J〕. The Leadership Quarterly, 2006 (17): 559-576.

〔278〕Powley E. H. Reclaiming Resilience and Safety: Resilience Activation in the Critical Period of Crisis〔J〕. Human Relations, 2009, 62 (9): 1289-1326.

〔279〕Preacher K. J. , Rucker D. D. , Hayes A. F. Addressing Oderated Mediation Hypotheses: Theory, Methods and Prescriptions〔J〕. Multivariate Behavioral Research, 2007, 42 (1): 185-227.

〔280〕Purcell J. , Purcell K. , Tailby S. Temporary Work Agencies: Here Today, Gone Tomorrow〔J〕. British Journal of Industrial Relations, 2004, 42 (4): 705-725.

〔281〕Quigley J. , Hambrick D. C. Has the "CEO EFFECT" Increased in Recent Decades? A New Explanation for the Great Rise in America's Attention to Corporate Leaders〔J〕. Strategic Management Journal, 2015, 36 (6): 821-830.

〔282〕Raisch S. , Birkinshaw J. , Probst G. , et al. Organizational Ambidexterity: Balancing Exploitation and Exploration for Sustained Performance [J]. Organization Science, 2009, 20 (4): 685-695.

[283] Raudenbush S. W. , Bryk A. S. Hierarchical Linear Models [M]. Thousand Oaks: Sage, 2002.

[284] Rebitzer J. B. Job Safety and Contract Workers in the Petrochemical Industry [J] . Industrial Relations: A Journal of Economy and Society, 1995, 34 (1): 40-57.

[285] Rice J. B. , Sheffi Y. J. A Supply Chain View of the Resilient Enterprise [J] . MIT Sloan Management Review, 2005, 47 (1): 41-48.

[286] RichtnÉR A. , Löfsten H. Managing in Turbulence: How the Capacity for Resilience Influences Creativity [J] . R & D Management, 2014, 44 (2): 137-151.

[287] Ring P. S. , Van De Ven A. H. Structuring Coopertive Relationships between Organizations [J] . Strategic Management Journal, 1992, 13 (7): 483-498.

[288] Rink F. , Ellemers N. Diversity as A Source of Common Identity: Towards A Social Identity Studying the Effects of Diversity in Organizations [J]. British Journal of Management, 2007 (18): 17-27.

[289] Riolli L. , Savicki V. Information System Organizational Resilience [J] . Omega, 2003, 31 (3): 227-233.

[290] Robert de Vries M. , Wolbers Maarten H. J. Non-standard Employment Relations and Wages among School Leavers in the Netherlands [J] . Work, Employment and Society, 2005, 19 (3): 503-525.

[291] Rousseau D. M. Psychological Contracts in Organisations: Understanding Written and Unwritten Agreements, Thousand Oaks, CA: Sage, 1995.

[292] Rousseau D. Issues of Level in Organizational Research: Multilevel and Cross-level Perspectives [M] // Cummings L. L. , Staw B. M. Research in Organizational Behavior. Greenwich: JAI Press, 1985.

[293] Rubery J. , Earnshaw J. , Marchington M. , et al. Changing Organizational Forms and the Employment Relationship [J] . Journal of Management Stud-

ies, 2002, 39 (5): 645-672.

[294] Runco M. A. Commentary: Divergent Thinking is not Synonymous with Creativity [J]. Psychology of Aesthetics, Creativity and the Arts, 2008, 2 (2): 93-96.

[295] Sabatino M. Economic Crisis and Resilience: Resilient Capacity and Competitiveness of the Enterprises [J]. Journal of Business Research, 2016, 69 (5): 1924-1927.

[296] Scarbrough H., Knowledge Management, HRM and the Innovation Process [J]. International Journal of Manpower, 2003, 24 (5): 501-516.

[297] Schmidt S. M., Kochan T. The Concept of Conflict: Toward Conceptual Clarity [J]. Administrative Science Quarterly, 1972, 17 (3): 359-370.

[298] Schultz T. W. Investment in Human Capital [J]. American Economic Review, 1961 (51): 1-17.

[299] Scott S. G., Bruce R. A., Determinants of Innovative Behavior: A Path Model of Individual Innovation in the Workplace [J]. Academy of Management Journal, 1994 (37): 580-607.

[300] Senge P. The Fifth Discipline: The Art and Practice of the Learning Organization [M]. New York: Doubleday/Currency, 1990.

[301] Shalley C. E. Effects of Co-action, Expected Evaluation and Goal Setting on Creativity and Productivity [J]. Academy of Management Journal, 1995, 38 (2): 483-503.

[302] Shalley C. E., Zhou J., Oldham G. R. The Effects of Personal and Contextual Characteristics on Creativity: Where should We Go from Here? [J]. Journal of Management, 2004, 30 (6): 933-958.

[303] Shalley C. E. Effects of Productivity Goals, Creativity Goals and Personal Discretion on Individual Creativity [J]. Journal of Applied Psychology, 1991, 76 (2): 179-185.

[304] Shane S. Prior Knowledge and the Discovery of Entrepreneurial Opportunities [J]. Organization Science, 2000, 11 (4): 448-469.

[305] Shaw M. E. Group Dynamics: The Psychology of Small Group Behavior

［M］. New York: McGraw-Hill, 1971.

［306］Shin S. J. , Zhou J. When is Educational Specialization Heterogeneity Related to Creativity in Research and Development Teams? Transformational Leadership as a Moderator ［J］. Journal of Applied Psychology, 2007, 92（6）: 1709-1721.

［307］Simonton D. K. Origins of Genius ［M］. New York: Oxford University Press, 1999.

［308］Simsek Z. Organizational Ambidexterity: Towards A Multilevel Understanding ［J］. Journal of Management Studies, 2009, 46（4）: 597-624.

［309］Smith P. B. When Elephants Fight, the Grass Gets Trampled: The GLOBE and Hofstede Projects ［J］. Journal of International Business Studies, 2006, 37（6）: 915-921.

［310］Smith S. G. , Werner T. E. , Davis W. M. J. P. Alcohol - associated Conditioned Reinforcement ［J］. 1977, 53（3）: 223-226.

［311］Smith M. B. , Wallace J. C. , Vandenberg R. J. , et al. Employee Involvement Climate, Task and Citizenship Performance and Instability as a Moderator ［J］. The International Journal of Human Resource Management, 2018, 29（4）: 615-636.

［312］Snell S. A. , Dean J. J. W. Integrated Manufacturing and Human Resources Management: A Human Capital Perspective ［J］. Academy of Management Journal, 1992, 35（3）: 467-504.

［313］Soltani E. , Lai P. C. , Phillips P. , et al. The Triangular Supply Chain Relationship: Labour Dispatch Agencies, Hospitality Sector and Flexible Workers: The Taiwan Experience ［J］. The Service Industries Journal, 2009, 29（10）: 1317-1339.

［314］Somers S. J. , Measuring Resilience Potential: An Adaptive Strategy for Organizational Crisis Planning ［J］. Journal of Cantingencies and Crisis Management, 2009, 17（1）: 12-23.

［315］Song Z. , Gu Q. , Wang B. Creativity-oriented HRM and Organizational Creativity in China: A Complementary Perspective of Innovativeness ［J］. International Journal of Manpower, 2019, 40 (5): 834-849.

[316] Sosa M. E. Where do Creative Interactions Come from? The Role of Tie Content and Social Networks [J]. Organization Science, 2011 (1): 22, 1-21.

[317] Stata R., Organizational Learning: The Key to Management Innovation [J]. Sloan Management Review, 1989, 30 (3): 63-74.

[318] Stoker J. I., Harry G., Dimitrios S. Tightening the Leash after a Threat: A Multi-level Event Study on Leadership Behavior Following the Financial Crisis [J]. The Leadership Quarterly, 2018, 30 (2): 199-214.

[319] Stokes P., Smith S., Wall T., et al. Resilience and the (micro-) dynamics of Organizational Ambidexterity: Implications for Strategic HRM [J]. The International Journal of Human Resource Management, 2018, 30 (8): 1287-1322.

[320] Storrie D. Temporary Agency Work in the European Union [R]. Dublin: European Foundation for the Improvement of Living and Working Conditions, 2002.

[321] Subramaniam M., Youndt A. M. The Influence of Intellectual Capital on the Types of Innovative Capabilities [J]. Academy of Management Journal, 2005, 3: 450-463.

[322] Sutcliffe K. M. Chapter 7 Organizing for Resilience [M]. // Positive Organizoitional Scholarship: Foundations of a New Discipline, 2003.

[323] Sveiby K. E., Simons R. Collaborative Climate and Effectiveness of Knowledge Work: An Empirical Study [J]. Journal of Knowledge Management, 2002, 6 (5): 420-433.

[324] Taggar S. Individual Creativity and Group Ability to Utilize Individual Creative Resources: A Multilevel Model [J]. Academy of Management Journal, 2002, 45 (2): 315-330.

[325] Tagiuri R., Davis J. Bivalent Attributes of the Family Firm [J]. Family Business Review, 1996, 9 (2): 199-208.

[326] Kostova T., Roth K. Social Capital in Multinational Corporations and a Micro-Macro Model of Its Formation [J]. The Academy of Management Review,

2003, 28 (2): 297 -317.

[327] Taylor A., Greve H. R. Superman or the Fantastic Four? Knowledge Combination and Experience in Innovative Teams [J]. Academy of Management Journal, 2006, 49 (4): 723-740.

[328] Teece D. Managing Intellectual Capital: Organizational, Strategic and Policy Dimensions [M]. Oxford: Oxford University Press, 2000.

[329] Teo W. L., Lee M., Lim W. S. The Relational Activation of Resilience Model: How Leadership Activates Resilience in an Organizational Crisis [J]. Journal of Contingencies and Crisis Management, 2017, 25 (3): 136-147.

[330] Tett R. P., Burnett D. D. A Personality Trait-based Interactionist Model of Job Performance [J]. Journal of Applied Psychology, 2003, 88 (3): 500-517.

[331] Thurow L. C. The Future of Capitalism [M]. London: Nicolas Brealey Publishing, 1996.

[332] Johnson T. Crisis Leadership [M]. London: Bloomsbury, 2017.

[333] Tjosvold D., Yu Z. Y., Hui C. Team Learning from Mistakes: The Contribution of Cooperative Goals and Problem-solving [J]. Journal of Management Studies, 2004, 41 (7): 1223 -1245.

[334] Tjosvold D., Tand M., West M. A. Reflexivity for Team Innovation in China: The Contribution of Goal Interdependence [J]. Group and Organization Management, 2004, 29 (5): 540-559.

[335] Torrance J. B., Scott B. A., Kaufman F. B. Optical Properties of Charge Transfer Salts of Tetracyanoquinodimethane (TCNQ) [J]. Solid State Communications, 1975, 17 (11): 1369-1373.

[336] Tsai W., Ghosha S. Social Capital and Value Creation: The Role of Intrafirm Networks [J]. Academy of Management Journal, 1998, 41 (4): 464-476.

[337] Tsai W. Knowledge Transfer in Intraorganizational Networks: Effects of Network Position and Absorptive Capacity on Business Unit Innovation and Performance [J]. The Academy of Management Journal, 2001, 44 (5): 996-1004.

［338］Tushman M. L., O'Reilly C. A. Winning through Innovation: A Practical Guide to Leading Organizational Change and Renewal ［M］. Boston: Harvard Business School Press, 1997.

［339］Tushman M. L., O'Reilly C. A. Ambidextrous Organizations: Managing Evolutionary and Revolutionary Change ［J］. California Management Review, 1996, 38 (4): 8-30.

［340］Tushman M. L., Anderson P. Technological Discontinuities and Organizational Environments ［J］. Administrative Science Quarterly, 1986, 31 (3): 439-465.

［341］Underhill E. Should Host Employers have Greater Responsibility for Temporary Agency ［J］. Asia Pacific Journal of Human Resources, 2010, 48 (3): 338-355.

［342］Underhill E., Quinlan M. How Precarious Employment Affects Health and Safety at Work: The Case of Temporary Agency Workers ［J］. Relations Industrielles, 2011, 66 (3): 397-421.

［343］Ungar M. Resilience Across Cultures ［J］. British Journal of Social Work, 2006, 38 (2): 218-235.

［344］Useem M., Cook J., Sutton L. Developing Leaders for Decision Making under Stress: Wildland Firfighters in the South Canyon Fire and Its Aftermath ［J］. Academy of Management Learning and Education, 2005 (4): 461-485.

［345］Van de Vliert E. Autocratic Leadership around the Globe: Do Climate and Wealth Drive Leadership Culture? ［J］. Journal of Cross-Cultural Psychology, 2006, 37 (1): 42-59.

［346］Van E. M., Strike V. M., Carney M., et al. The Resilient Family Firm: Stakeholder Outcomes and Institutional Effects ［J］. Corporate Governance: An International Review, 2015, 23 (3): 167-183.

［347］Emmerik H. V., Wendt H., Euwema M. C. Gender Ratio, Societal Culture and Male and Female Leadership ［J］. Journal of Occupational and Organizational Psychology, 2010, 82 (4): 895-914.

［348］Vandewalle D. Development and Validation of a Work Domain Goal Orientation Instrument ［J］. Educational and Psychological Measurement, 1997, 57 (6): 995-1015.

［349］VandeWalle D., Cron W. L., Slocum J. W. The Role of Goal Orientation Following Performance Feedback ［J］. Journal of Applied Psychology, 2001, 86 (4): 629-640.

［350］Velu S. R., Al Mamun A., Kanesan T., et al. Effect of Information System Artifacts on Organizational Resilience: A Study among Malaysian SMEs ［J］. Sustainability, 2019, 11 (11): 1-23.

［351］Volberda H. W., Lewin A. Y. Co-evolutionary Dynamics within and between Firms: From Evolution to Co-evolution ［J］. Journal of Management Studies, 2003, 40 (8): 2111-2136.

［352］Vosko L. F. A New Approach to Regulating Temporary Agency Work in Ontario or Back to the Future ［J］. Relations Industrielles, 2010, 65 (4): 632-653.

［353］Waldman H. B. Favorable Dental Economics could Belie Coming Crisis ［J］. Journal of the California Dental Association, 2001, 29 (12): 839-845.

［354］Walter F., Scheibe S. A Literature Review and Emotion-based Model of Age and Leadership: New Directions for the Trait Approach ［J］. The Leadership Quarterly, 2013 (24): 882-901.

［355］Wang C. L., Rafiq M. Ambidextrous Organizational Culture, Contextual Ambidexterity and New Product Innovation: A Comparative Study of UK and Chinese High-Tech Firms ［J］. British Journal of Management, 2014, 25 (1): 58-76.

［356］Wang X. H. F., Kim T. Y., Lee D. R. Cognitive Diversity and Team Creativity: Effects of Team Intrinsic Motivation and Transformational Leadership ［J］. Journal of Business Research, 2016, 69 (9): 3231-3239.

［357］Wu W. Y., Chang M. L., Chen C. W. Promoting Innovation through the Accumulation of Intellectual Capital, Social Capital and Entrepreneurial Orientation ［J］. R&D Management, 2008 (38): 265-277.

［358］Ward J. L. Growing the Family Business: Special Challenges and Best Practices ［J］. Family Business Review, 1997, 10 (4): 323-337.

[359] Weick K. E. The Collapse of Sensemaking in Organizations: The Mann Gulch Disaster [J], 1993, 38 (4): 628-652.

[360] Weisberg R. W. Creativity and Knowledge: A Challenge to Theories [M] // Sternberg R. J. Handbook of Creativity. New York: Cambridge, 1999: 226-250.

[361] Wendt H., Euwema M., Van Emmerik I. H. Leadership and Team Cohesiveness Across Cultures [J]. The Leadership Quarterly, 2009, 20 (2): 358-370.

[362] West M. A., Farr J. L. Innovation and Creativity at Work [J]. Health Policy, 1991, 45 (3): 175-186.

[363] West M. A. Reflexivity and Work Group Effectiveness: A Conceptual Integration [M] // West M. A. Handbook of Work Group Psychology. Chichester: Wiley, 1996: 555-579.

[364] West M. A. The Social Psychology of Innovation in Groups [A] // West M. A., Farr J. L. Innovation and Creativity at Work: Psychological and Organizational Strategies [M]. Chichester: Wiley, 1990: 101-122.

[365] Williams F. E. A Total Creativity Program for Individualizing and Humanizing the Learning Process: Identifying and Measuring Creative Potentia. Educational Technology Publications, 1972, 2 (4): 77.

[366] Williamson O. E. The Mechanisms of Governance [M]. New York: The Free Press, 1996.

[367] Winston A. Resilience in a Hotter World [J]. Harvard Business Review, 2014, 92 (4): 56-64.

[368] Witmer H., Mellinger M. S. Organizational Resilience: Nonprofit Organizations' Response to Change [J]. Work, 2016, 54 (2): 255-265.

[369] Wong S. S. Distal and Local Group Learning: Performance Tradeoffs and Tensions [J]. Organization Science, 2004, 15 (6): 645-656.

[370] Woodman R. W., Sawyer J. E., Griffin R. W. Toward a Theory of Organizational Creativity [J]. Academy of Management Review, 1993, 18 (2): 293-321.

[371] Wooten L. P., James E. H. Linking Crisis Management and Leadership

Competencies: The Role of Human Resource Development [J] . Advances in Developing Human Resources, 2008, 10 (3): 352-379.

[372] Wooten J. M. Adverse Drug Reactions: Part II [J] . Southern Medical Journal, 2010, 103 (11): 1138-1145.

[373] Wright P. M. , Snell S. A. Toward a Unifying Framework for Exploring Fit and Flexibility in Strategic Human Resource Management [J] . Academy of Management Review, 1998, 23 (4): 756-772.

[374] Yalcinkaya G. , Calantone R. J. , Griffith D. A. An Examination of Exploration and Exploitation Capabilities: Implications for Product Innovation and Market Performance [J] . Journal of International Marketing, 2007, 15 (4): 63-93.

[375] Yang Y. , Konrad A. M. Diversity and Organizational Innovation: The Role of Employee Involvement [J] . Journal of Organizational Behavior, 2011, 32 (8): 1062-1083.

[376] Yli-Renko H. , Autio E. , Sapienza H. J. Social Capital, Knowledge Acquisition and Knowledge Exploitation in Young Technology - based Firms [J] . Strategic Management Journal, 2001, 22 (6-7): 587-613.

[377] Youssef C. M. , Luthans F. Positive Organizational Behavior in the Workplace [J] . Journal of Management, 2016, 33 (5): 774-800.

[378] Yukl G. , Lepsinger R. Why Integrating the Leading and Managing Roles is Essential for Organizational Effectiveness [J] . Organizational Dynamics, 2005, 34 (4): 361-375.

[379] Zachary S. , Benson H. , Abraham C. Ideology, Crisis Intensity, Organizational Demography and Industrial Type as Determinants of Organizational Change in Kibbutzim [J] . The Journal of Applied Behavioral Science, 2010, 46 (3): 388-414.

[380] Zahra S. A. , Covin J. G. Contextual Influences on the Corporate Entrepreneurship Performance Relationship: A Longitudinal Analysis [J] . Journal of Business Venturing, 1995, 10 (2): 43-58.

[381] Zahra S. A. Environment, Corporate Entrepreneurship and Financial Performance: A Taxonomic Approach [J] . Journal of Business Venturing, 1993,

8 (4)：319-340.

[382] Zarutskie R. The Role of Top Management Team Human Capital in Venture Capital Markets：Evidence from First-time Funds [J]．Journal of Business Venturing，2010，25 (1)：155-172.

[383] Zhou J.，George J. M. When Job Dissatisfaction Leads to Creativity：Encouraging the Expression of Voice [J]．Academy of Management Journal，2001，44 (4)：682-696.

[384] Zhou K. Z.，Yim C. K. B.，Tse D. K. The Effects of Strategic Orientations on Technology-and Market-Based Breakthrough Innovations [J]．Journal of Marketing，2005，29 (2)：42-60.

[385] Zhou S. H.，Siu F.，Wang M. H. Effects of Social Tie Content on Knowledge Transfer [J]．Journal of Knowledge Management，2010，14 (3)：449-463.

[386] Zhou J.，Su，Y. A Missing Piece of the Puzzle：The Organizational Context in Cultural Patterns of Creativity [J]．Management and Organization Review，2010，6 (3)：391-413.

[387] Zhu Y.，Zhang S.，Shen Y. Humble Leadership and Employee Resilience：Exploring the Mediating Mechanism of Work-Related Promotion Focus and Perceived Insider Identity [J]．Front Psychol，2019 (10)：673.

[388] 安娜．应对不确定性：公共危机事件中政府决策的新挑战——以新冠疫情为例 [J]．哈尔滨学院学报，2020，41 (6)：50-52.

[389] 曹仰峰．组织韧性：如何穿越危机持续增长？[M]．北京：中信出版社，2020.

[390] 陈国权，宁南．团队建设性争论、从经验中学习与绩效关系的研究 [J]．管理科学学报，2010，13 (8)：65-77.

[391] 陈国权．组织学习和学习型组织：概念、能力模型、测量及对绩效的影响 [J]．管理评论，2009，21 (1)：107-116.

[392] 耿紫珍，刘新梅，杨晨辉．战略导向、外部知识获取对组织创造力的影响 [J]．南开管理评论，2012，15 (4)：15-27.

[393] 柯江林，孙健敏，石金涛等．企业 R&D 团队之社会资本与团队效

能关系的实证研究——以知识分享与知识整合为中介变量［J］．管理世界，2007（3）：89-101．

［394］李军．党政领导干部提升危机领导力的思考［A］//中国领导科学研究会、国家行政学院领导科学研究中心、中共黑龙江省委宣传部、中共黑龙江省委党校（黑龙江省行政学院）、中共黑龙江省伊春市委、黑龙江省领导科学学会．"领导科学发展30年"理论研讨会论文集［C］//中国领导科学研究会、国家行政学院领导科学研究中心、中共黑龙江省委宣传部、中共黑龙江省委党校（黑龙江省行政学院）、中共黑龙江省伊春市委、黑龙江省领导科学学会：中国领导科学研究会，2011．

［395］刘崇瑞．危机领导力：内涵、要素和模型［J］．中国商贸，2010（25）：65-66．

［396］刘凤香．工作场所代际差异研究述评及整体模型构建［J］．外国经济与管理，2010，32（1）：50-57．

［397］刘兰芬．定位·缺失·提升——论公共危机管理中的领导力［J］．理论探讨，2009，（6）：150-154．

［398］李彤．对当代民营企业"韧性"生存力建设的思考［J］．商业时代，2013（35）：100-101．

［399］汤敏，李仕明，刘斌．突发灾害背景下组织韧性及其演化——东方汽轮机有限公司应对"5·12"汶川地震与恢复重建的案例研究［J］．商业时代，2019，38（1）：28-37．

［400］王莉红，顾琴轩，俞明传．创造力由个体向团队涌现的边界机制：目标共享与多元化视角［J］．科技管理研究，2016（20）：123-129．

［401］王莉红，顾琴轩，褚田芬．人力资本与社会资本对创新行为的影响——跨层次模型研究［J］．工业工程与管理，2009，14（5）：91-97．

［402］王莉红，顾琴轩，郝凤霞．团队学习行为、个体社会资本与学习倾向：个体创新行为的多层次模型［J］．研究与发展管理，2011，23（4）：11-18．

［403］王莉红，顾琴轩，吴一穹．团队错误中学习对成员创造力的跨层次影响：基于无形资本视角［J］．科技管理研究，2016（13）：117-124．

［404］王莉红，顾琴轩，许彦妮．组织人力和社会资本与探索性和拓展

性绩效：知识共享中介效应研究［J］．人力资源管理评论，2011，1（1）：39-50.

［405］王莉红，顾琴轩．组织无形资本对突破性与增量性创新能力的影响——以二元学习为中介［J］．科学学与科学技术管理，2013，34（10）：152-160.

［406］王莉红，姜秀珍，俞明传．国外派遣用工制三方关系及其管理研究与启示［J］．上海对外经贸大学学报，2016，23（4）：53-62.

［407］王莉红，魏农建，许彦妮．竞争导向与组织创造力的曲线关系——有机结构与适应性文化的权变视角［J］．科学学与科学技术管理，2016，37（8）：126-137.

［408］项保华，刘丽珍．社会资本与人力资本的互动机制研究［J］．科学管理研究，2007（3）：77-80.

［409］徐高彦，李桂芳，陶颜等．"扶大厦之将倾"：女性高管、危机企业反转与管理者认知［J］．外国经济与管理，2020，42（5）：42-59.

［410］薛澜，张强．SARS事件与中国危机管理体系建设［J］．清华大学学报（哲学社会科学版），2003（4）：16-18.

［411］薛涌．德国企业的韧性何在［N］．中国经营报，2013-04-29.

［412］张刚，吕洁．从个体创造力到团队创造力：知识异质性的影响［J］．应用心理学，2012，18（4）：349-357.

［413］赵慧群，陈国权．团队两种多样性、互动行为与学习能力关系的研究［J］．中国管理科学，2010，18（2）：181-192.

［414］赵曙明，沈群红．知识企业与知识管理［M］．南京：南京大学出版社，2000.

［415］郑仁伟，黎士群．组织公平、信任与知识分享行为之关系研究［J］．人力资源管理学报，2001，1（2）：69-93.